费怀玉 何兴强 / 著

中国流动人口
对住房市场的影响

The Effect of
Floating Population on
China's Housing

社会科学文献出版社
SOCIAL SCIENCES ACADEMIC PRESS (CHINA)

摘　要

在中国现行制度环境下，流动人口在进行住房决策时所面临的约束条件与户籍人口有所不同。本书首先从户籍制度安排以及金融市场不完善出发，针对流动人口的两个侧面，即外来人口（流入地角度）和外出人口（流出地角度）对流动人口的住房需求行为进行考察；在此基础上，进一步分析了流动人口对中国住房市场的影响。

第二章站在流入地的角度对外来人口家庭住房模式的选择受户籍制度影响的作用机制进行了理论和实证研究。依据投资性住房需求与消费性住房需求之差将住房模式分为仅租赁住房（Rent 1）、拥有自住住房同时租赁住房（Rent 2）、拥有自住住房（Own 1）以及同时拥有自住住房和非自住住房（Own 2）四种由低到高的模式。理论分析认为，外来人口与本地居民在享受基本公共服务特别是子女教育上的不均等，加大了外来人口的定居成本，抑制了其在流入地的投资性住房需求，因而其更加倾向于选择较低住房模式。基于 CHFS 2011，本章利用有序 Probit 回归进行实证研究，发现外来人口在流入地倾向于选择较低住房模式；高城镇化程度地区、经济发展水平较高的东部地区由于落户门槛更高、定居成本更大，外来人口更倾向于选择较低住房模式。另外，家庭净资产价值越大、家庭规模越大，以及具有政治身份等因素显著推动家庭选择较高住房模式。

"流动就业"的特点使流动人口容易在流入地租房居住，而在流出地投资住房，消费性住房需求与投资性住房需求在空间上产生分离。利用 CHFS 2011 中"拥有住房但并不自住反而租赁其他住房"（R&O）这一住房模式，第三章进一步对外来人口的住房模式选择进行多元 Probit 回归分析，发现将外来人口进行住房模式选择的背景放到流入地与流出地两地进行综合考察时，外来人口倾向于选择 R&O 这种投资性需求与消费性需求在空间上产生分离的住房模式。

第四章站在流出地的角度，考察外出人口的"家庭汇款"对流出地家庭住房需求的促进作用。在"新迁移经济学"的视角下，除了增加家庭的预算，外出人口的家庭汇款具有缓解家庭流动性约束的间接效应。理论分析认为，面临流动性约束的家庭，在外源融资无法满足投资性住房需求时，汇款收入可发挥"自融资"功能：当流动性约束较强时，随着汇款收入占比的增大，家庭的住房投资逐渐增大；而当流动性约束得到足够程度的缓解时，家庭收入中汇款收入占比的增大不再促进家庭的住房投资。基于 CGSS 2010，利用 Tobit 回归进行实证研究，发现家庭收入中汇款收入占比越大的家庭，其住房支出也越大；分别以家庭经济状况、家庭阶层等级以及是城镇还是农村居民对家庭所受流动性约束进行衡量，发现面临流动性约束程度较大的家庭，汇款收入占比对家庭住房支出的影响统计显著，而面临流动性约束程度较小的家庭，汇款收入占比对家庭住房支出的影响统计并不显著。

第二至四章的研究表明，外来人口与外出人口对住房市场的影响机制并不一样。因此，第五章利用 70 个大中城市的流动人口数据和 2005～2012 年住宅商品房平均销售价格，围绕外来人口和外出人口对房价的影响进行实证研究，发现即使外来人口涌入可能引起流入地本地居民外迁，中国城市中外来人口对房价仍具有促进作用；在人口净流出地区，外出人口对房价综合表现为抑制作用；在人口净流入地区，外出人口对房价综合表现为促进作用，家庭汇款效应存在；无论是在人口净流入还是人口净流出地区，外出人口对房价增长率均具有促进作用；但外来人口对房价增长率影响方向在不同时间段并不一致，这可能与其"流动就业"的特点有关。

　　流动人口"流动就业"的特点会加剧住房市场的租金波动。作为投资品，家庭厌恶房价风险而不愿意持有住房资产，投资住房时高风险需高预期收益补偿，表现为"金融风险效应"；但作为消费品，拥有住房之后家庭可以对冲租金风险，其宁可放弃预期收益补偿也愿持有住房，表现为"住房消费套保效应"。第六章利用 70 个大中城市 2006～2011 年住宅销售价格指数进行实证研究，发现中国住房市场存在"住房消费套保效应"，在对冲租金风险的激励较强的市场上，"住房消费套保效应"缓解甚至逆转了"高风险高收益"关系，表现为预期收益率与风险微弱负相关，风险增大一个标准差时，年度预期收益率减小约 0.507%；在供不应求特别是住房供给弹性小的上升市场上，"住房消费套保效应"更加显著，预期收益率与风险呈现较强负相关，风险增大一个标准差时，年度预期收益率减小约 2.35%。

　　第七章在前述研究的基础之上提出相应建议：第一，降低外来人口在城镇的定居成本，合理规划基本公共服务资源；第二，充分挖掘外出人口家庭汇款对流出地家庭的积极作用；第三，正确认识城镇化过程中外来人口与外出人口对住房市场影响机制的不同；第四，加大保障性住房建设力度。

关键词：外来人口　外出人口　户籍制度　家庭汇款　住房市场

Abstract

Under the institution environment of our country, floating population make housing decisions in a different constraint conditions from residents with permanent Hukou. Starting from the Hukou system and imperfect financial markets, this thesis study on the housing demand behavior of floating population from two angles of in-migrants and out-migrants first. On this basis, this thesis study on the effect of floating population on China's housing markets further.

At the point of in-migrating area, chapter 2 study theoretically and empirically the impact of Hukou on in-migrants' choices of housing modes. According to There are four housing modes, which are Rent only(Rent 1), Rent meanwhile Own and Occupy(Rent 2), Own and Occupy(Own 1), Own multiply(Own 2), according to the difference between housing investment demands and housing consumption demands. The inequality of public service behind HuKou increases in-migrants' settlement costs, driving down investment demand and housing modes. Using CHFS 2011, the ordered Probit regression empirical results indicate follows: First, in-migrants are inclined to inferior mode. Second, in-migrants in more developed and higher urbanization cities are more inclined to inferior mode. In addition, household wealth, family size, age of householder, and political identity drive significantly the low-to-high transition of housing modes.

The trait "mobile employment" make floating population incline to rent in the in-migrating area, meanwhile own in the out-migrating area. So the housing investment demands are separated with the housing consumption demands in location. Using the housing mode-Rent meanwhile Own(R&O), chapter 3 study empirically further the in-migrants' choices of housing modes. Considering the in-migrating area and out-migrating are at the same time, the multiple Probit regression results indicate that in-migrants are more inclined R&O, which investment demands and consumption demands are separated.

At the point of out-migrating area, chapter 4 study theoretically and empirically the promoting of migrants-to-family remittances on household's housing demands in the out-migrating area. In the viewpoint of New Economics of Labor Migration, the remittances from out-migrants can also relax liquidity constraint, except increasing the budget of household. Theoretical analyses indicate that, if housing investment demands can't be supported by the external financing, remittances can support the investment demands like "internal financing". As the share of remittances in household's income increase gradually, the housing investment of household will increase to the optimal investment like household without liquidity constraint. Using CGSS 2010, the Tobit regression results indicate that, the housing expenditure of household increase as well as the share of remittances in household's income. With household's economics condition, social class, number of real estate, and urban resident identity measuring liquidity constraint, the Tobit regress results indicate follows: If household face tight liquidity constraint, the share of remittances in household's income promote housing expenditure significantly. If household face loose liquidity constraint, the share of remittances in household cannot promote housing expenditure.

The analyses from chapter 2 to chapter 4 suggest that, in-migrants and out-migrants affect housing markets in different way. So, Using housing prices data of 70 large and medium-sized cities from 2005 to 2012, chapter 5 study empirically on the floating population's impact and find follows: First, after controlling out-migrants , in-migrants can also drive up housing price; Second, out-migrants depress housing price in the out-migrating area, but drive up housing price in the in-migrating area, migrants-to-family remittances' effect exist; Third, out-migrants drive up housing price growth rate, no matter in the in-migrating area or in the out-migrating area; Fourth, the in-migrants' impact on housing price growth rate have different directions in different periods, and this may be related to the trait of floating population-mobile employment.

The trait" mobile employment" may also aggravate the rent fluctuation in housing markets. As investment goods, housing price risk make risk aversion household unwilling to hold housing ownership, and risk-return tradeoff of housing market indicate traditional positive relationship. This is the financial risk effect. As consumption goods, housing ownership can help household hedge rent risk. Household wish to hold housing ownership for hedging rent risk, even if giving up part of return. This is the housing consumption hedge effect. Chapter 6 uses 70 Chinese cities' data during the period from 2006 to 2011 are employed in the empirical study. Empirical findings are as follows: housing consumption hedge effect exists in Chinese housing markets; In the housing market with strong hedging rent risk incentive, housing consumption hedge effect inverses the traditional positive risk-return relationship, and expected return is related negatively to risk. One more standard deviation of risk leads to 0. 507 percent decline of expected return. The housing consumption hedge effect appears to be stronger in markets of short supply and small supply elasticity. One more standard deviation of risk leads to 2. 35 percent decline of expected return.

Chapter 7 gives some judgments about the floating population and China's housing markets in the foundation of preceding chapters: first, cut down the settlement cost and program public service resources rationally; second, pay attention to the positive effect of remittances; third, understand the differences between in-migrants' influences on housing markets and out-migrants; fourth, promote welfare housing construct.

Keywords: In-migrants; Out-migrants; Hukou System; Migrants-to-Family Remittance; Housing Markets

目　录

第一章　导论 ……………………………………………… 001

　一　背景介绍 ……………………………………………… 001

　二　为何要从流动人口出发研究住房市场 ……………… 010

　三　研究内容 ……………………………………………… 011

　四　分析方法 ……………………………………………… 015

　五　研究创新 ……………………………………………… 018

第二章　户籍与外来人口的住房模式选择 ……………… 020

　一　文献回顾 ……………………………………………… 020

　二　基本公共服务不均等与外来人口的住房模式选择 … 022

　三　实证模型与数据 ……………………………………… 030

　四　实证分析 ……………………………………………… 037

　五　本章小结 ……………………………………………… 047

第三章　流动就业与外来人口的住房模式选择 ………… 049

　一　问题的提出 …………………………………………… 050

　二　实证分析 ……………………………………………… 052

　三　本章小结 ……………………………………………… 063

第四章　外出人口与家庭住房需求 ……………………… 064
　一　文献回顾 ………………………………………… 064
　二　外出人口与流出地家庭住房需求：基于
　　　"新迁移经济学"的视角 …………………………… 070
　三　模型与变量定义 ………………………………… 078
　四　实证分析 ………………………………………… 088
　五　本章小结 ………………………………………… 102

第五章　外来人口、外出人口与房价 …………………… 104
　一　流动人口与大中城市房价 ……………………… 104
　二　文献回顾 ………………………………………… 106
　三　变量构造与数据说明 …………………………… 110
　四　实证分析 ………………………………………… 115
　五　本章小结 ………………………………………… 128

第六章　住房市场风险 – 收益关系研究
　　　　——基于住房消费套保效应的证据 …………… 131
　一　文献回顾 ………………………………………… 132
　二　理论框架 ………………………………………… 135
　三　数据与变量 ……………………………………… 142
　四　实证分析 ………………………………………… 147
　五　本章小结 ………………………………………… 157

第七章　结语 ……………………………………………… 160
　一　有关中国流动人口以及住房市场的主要结论 ……… 160
　二　基于主要结论的应用建议 ……………………… 164
　三　进一步的研究方向 ……………………………… 167

参考文献 ……………………………………………………… 168

附　录 ……………………………………………………… 182

附录 A　……………………………………………………… 182

附录 B　……………………………………………………… 183

附录 C　……………………………………………………… 187

附录 D　……………………………………………………… 191

第一章
导 论

一　背景介绍

（一）住房市场

从 1978 年开始，中国经济改革进程从"行政性分权"进入"增量改革"，接着进入"整体推进"的时代（吴敬琏，2010）。经济转型开始呈现渐进式以及双轨式的特点。作为经济改革的重要组成部分，户籍制度改革以及住房市场改革也呈现渐进、双轨的特点，而且住房市场改革的进程将这一渐进、双轨的特点表现得淋漓尽致。

在计划经济时代，国有企业不仅是生产单位，也是国家政治体系以及社会生活中的基层组织，"单位"承担着为其职工提供医疗、养老、住房等方面福利的责任。但由于住房建设不足，福利住房供应紧张，住房资源不得不依靠职工所在单位性质、职工职位高低及户籍因素等构成的"排队系统"进行分配。住房供给的短缺、建设资金的缺乏以及居住质量的普遍低下，促使中央政府在 1980 年首次正式提出住宅商品化的政策，房地产公司以及商品住宅开始出现，住房市场逐步形成。此时，住房分配开始表现出典型的双轨特征，有工作单位的职工仍可继续"排队"以获得公房，无工作单位的居民或者外地居民可通过住房市场购买商品住宅。1998 年 7 月，国务院发布《关于进一步深化城镇住房制度改革加快住房建设的通知》，宣布从同年下半年开始全面停止住房实物分配，实行住房分配货币化。

图 1 - 1 与图 1 - 2 描绘了住房市场全面改革后 2000 ～ 2013 年中国住宅商品房平均销售价格及其同比的走势。2000 ～ 2003 年，房价缓慢增长，2000 ～ 2001 年以及 2001 ～ 2002 年的房价增长率分别为 3.5% 和 3.7%，2003 年的房价有显著的提高，2002 ～ 2003 年的房价增长率约 5.0%。为防范金融风险，2003 年 6 月，中国人民银行发布《关于进一步加强房地产信贷业务管理的通知》（银发〔2003〕121 号），为住房市场降温；但在 2003 年 8 月，国务院发布《关于促进房地产市场持续健康发展的通知》（国发〔2003〕18 号），将房地产业确认为支柱产业（易宪容，2009）。2004 年房价急遽上升，2003 ～ 2004 年的房价增长率高达 18.7%，2004 ～ 2007 年的房价增长率也均较高。次贷危机爆发后，2007 ～ 2008 年房价增长率直转为负，住宅商品房平均销售价格由 2007 年的 3645 元/米^2 降至 2008 年的 3576 元/米^2。为有效应对次贷危机带来的影响，中国政府出台 4 万亿元的经济刺激计划，同时住宅商品房平均销售价格也大幅上涨，2008 ～ 2009 年的房价增长率高达 24.7%。为防止住房市场过热，2010 年全国

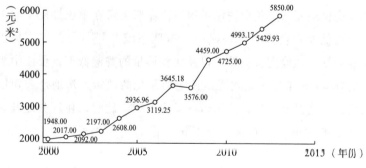

图 1 - 1　住宅商品房平均销售价格

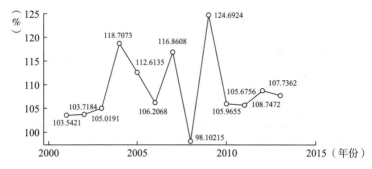

图 1 - 2　住宅商品房平均销售价格同比

范围内大中城市陆续发布 "限购令"，2010 ~ 2013 年房价增长率
有所降低，但仍有 5% ~ 8%。

　　1998 年全面房改后住房市场经过十多年的发展，市场力量，
也就是房地产企业与家庭双方逐渐主导供需。传统住房经济学中
有关住房需求影响因素的讨论，也基本适用于中国十多年间房价
的持续增长。2000 ~ 2013 年，住宅商品房平均销售价格从 1948
元/米² 上升至 5850 元/米²，涨幅约为 200%。与此同时，城镇居
民人均可支配收入涨幅约为 330%，农村居民人均纯收入涨幅约
为 295%，如表 1 - 1 所示。与此同时，家庭的结构以及住房条件
也在不断地向更易产生住房需求的方向演变，家庭户规模大小从
2000 年的 3.44 人降低至 2010 年的 3.10 人；人均住房建筑面积
则从 2000 年的 22.77 平方米升至 2010 年的 31.06 平方米，如表
1 - 1 所示。

表 1 - 1　城乡居民 2000 ~ 2013 年人均收入

	2000 年	2005 年	2010 年	2013 年
城镇居民人均可支配收入（元）	6280	10493	19109	26955
农村居民人均纯收入（元）	2253	3255	5919	8896

	2000 年	2005 年	2010 年	2013 年
家庭户户数（万户）	34049		40193	
家庭户规模（人）	3.44	—	3.10	—
人均住房建筑面积（平方米）	22.77		31.06	
平均每户住房间数（间）	2.72		3.12	

资料来源：国家统计局网站。

中国人口年龄结构是房价 2000 年后持续增长的一个重要影响因素。1949 年后，中国经历过三次"婴儿潮"：新中国成立之初的第一代、1963～1974 年的第二代以及 1980～1990 年的第三代（见图 1-3）。婴儿潮之后的二三十年是他们首次置业的适龄时期，而再推后的 5～10 年则是他们改善住房的适龄时期（杨巧，2013）。2000～2013 年恰好处于第三代婴儿潮首次置业以及第二代婴儿潮改善住房的叠加期。

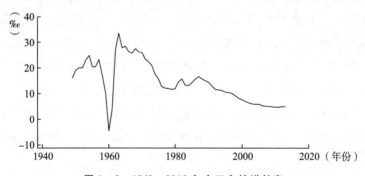

图 1-3　1949～2013 年人口自然增长率

（二）城镇化进程

除了人口年龄结构有助于住房市场繁荣以外，人口空间结构也成为重要推动力。1990～2013 年，中国城镇化率先从 1990 年的 26.4% 升至 1995 年的 29.0%，年均提高约 0.5 个百分点，随后从 1995 年的 29.0% 加速升至 2013 年的 53.7%，年均提高约 1.4 个百分点，如图 1-4 所示。城镇化率上升会为住房市场提供巨大的住房需求潜力（韩正龙、王洪卫，2014）。但"城镇化"本身的定义以及有关"城镇化率"的测度多种多样，一般认为城镇化过程是一个农业人口转化为非农业人口、农业地域转化为非农业地域、农业活动转化为非农业活动的过程。至于"城镇化率"的测度，部分学者认同以城镇常住人口占总人口的比重衡量城镇化率，另有部分学者则以非农就业人口占所有劳动力人口的比重衡量城镇化率。

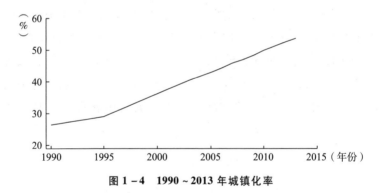

图 1-4　1990～2013 年城镇化率

城镇化过程伴随着大量的人口从农村地区向城镇地区、从小城市向大中城市的转移，愈来愈多的人口工作、生活于城镇地区。无论如何定义，"城镇化"均涉及流动人口，因此在本书的研究中倾向于将城镇化与流动人口联系起来。

（三）流动人口

中国 1954 年第一部宪法列明：中华人民共和国公民有居住和迁徙的自由权。但为了支持工业战略的实施，从 1958 年开始直至 1964 年，国家逐渐将控制人口流动的功能纳入户籍管理。"从农村迁往城市、集镇，从集镇迁往城市的，要严加限制，从小城市迁往大城市，从其他城市迁往北京、上海两市的，要适当限制。"不仅如此，生活消费品与生产资料的供给，以及教育、就业、住房和其他社会福利的分配，都开始以户口为载体。进入 20 世纪 80 年代以后，随着农村家庭联产承包责任制对农业生产的极大促进，以及乡镇企业的异军突起，大量的农村剩余劳动力开始进城，形成一年比一年规模大的"民工潮"（王海光，2003）。自此，在城市中形成数量众多的流动人口。

1. 外来人口

在 2000 年第五次人口普查时，总人口 12 亿人中约有 1.4 亿的外来人口，占比达到 11.67%；到 2010 年第六次人口普查时，总人口 13 亿人中约有 2.6 亿的外来人口，占比达到 20%，如图 1-5 所示。2000~2010 年，平均每年约有 1200 万的新增外来人口产生。到 2010 年，平均每 5 个常住人口中就有 1 个是外来人口。

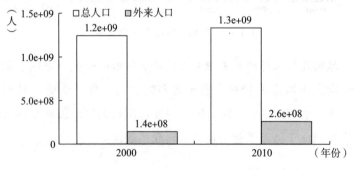

图 1-5　总人口与外来人口

数量众多的外来人口不仅给其流入地城市带来年轻的劳动力，也带来大量的租房需求或购房需求，这成为城镇化进程带动住房市场的一个主要论点。但是以往的实证研究表明，与本地居民不同，外来人口在进行租买选择时更倾向于选择租房。对城镇常住人口中的外来人口与户籍人口不加区分，容易高估城镇化进程对住房市场的带动作用。因而，有必要对外来人口的住房模式选择进行深入研究。

2. 外出人口

站在常住地也就是流入地的角度，流动人口可以视为外来人口；而站在户籍地也就是流出地的角度，流动人口则可以视为外出人口。外来人口与外出人口是流动人口一枚硬币的两个侧面。图1-6给出2000年与2010年户籍人口以及其中外出人口的总量。在2000年第五次人口普查时，户籍人口总共约12亿人，这与图1-5中2000年的常住人口总量大致相等；在2010年第六次人口普查时，户籍人口总共约13亿人，这与图1-5中2010年的常住人口总量大致相等。在2000年户籍人口中，外出半年以上人口即"本户户籍人口中已离开本乡、镇、街道半年以上的人口"有6700万人，与全户外出人口6900万人一起总计约1.4亿人，与图1-5中2000年外来人口规模大致相等。在2010年户籍人口中，外出半年以上人口有2.6亿人，与图1-5中2010年

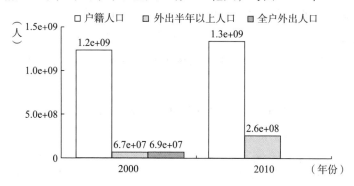

图1-6 户籍人口与外出人口

外来人口规模大致相等。[①]

中国以往有关流动人口对经济影响的研究中，更多的是从流入地的角度出发。有关流动人口对其流出地影响的研究较少，并且更多地集中于对流出地贫困的缓解，有关外出人口对流出地住房市场影响的研究更为稀少。不过，刘建伟（2015）在解读2015年2月70个大中城市住房市场运行状况时称：2月适逢春节假期，一、二线城市2月新建商品住宅成交量回落较多，但部分三线城市在春节期间迎来返乡置业潮，成交量回落较少。因而，有必要重视外出人口对其流出地住房市场的影响，并对其作用机制加以研究。

3. 流动人口"流动就业"的特点

由于户籍与医疗、养老、住房、教育等福利分配制度脱钩的步伐较为缓慢，大部分从农村到城镇的劳动力转移是"流动就业"而非定居或"落户"迁徙，最终仍会返回其户籍所在地。全国大约80%被统计为城镇人口的农民工都是流动就业，举家迁徙的农村人口仅占20%左右（李铁，2013）。以"流动就业"为主的流动人口，在其流入地多以租赁住房的形式满足住房需求，成为推动中国住房租赁市场发展的重要力量，但也因其"流动就业"的特点，加剧了中国住房市场上租金波动的风险。在中国以往有关住房市场的研究中，较多关注房价风险，对租金风险却有所忽视，有必要对租金风险对住房市场所带来的影响进行研究。

图1-7通过1998～2013年住房租金类居民消费价格指数对

---

① 与《中国2000年人口普查资料》不同，《中国2010年人口普查资料》中有关户籍人口中仅报告"外出半年以上人口"数据，未报告有关"全户外出人口"的数据。

住房租金的变动进行描绘。住房租金类居民消费价格指数总体在下降，从 1998 年的 115.5 直落到 2005 年的 101.9。与此形成对比的是住宅商品房平均销售价格同比却在 2001～2004 年逐年升高（见图 1-8）。全面房改后中国家庭的住房权属偏好从租赁公房到拥有住房的变化可能是造成前述分歧的原因。

在图 1-8 中，住房租金类居民消费价格指数的上升与下降略晚于住宅商品房平均销售价格同比的上升与下降，这在 2007～2009 年、2010～2012 年表现得尤为明显。2007～2008 年，次贷危机爆发引起的连锁效应使中国住房市场由热转冷，住宅商品房平均销售价格同比由 16.9% 跌至 -1.9%；随后在 2008～2009 年，住房租金类居民消费价格指数由 103.5 降至 101.6。在经济刺激政策下住房市场由冷转热，住宅商品房平均销售价格同比由 -1.9% 升至 24.7%；随后在 2009～2010 年，住房租金类居民消费价格指数由 101.6 升至 104.9。在 2010～2011 年开始陆续推行的"限购令"政策下，住宅商品房平均销售价格同比由 6.0% 降至 5.7%；随后在 2011～2012 年，住房租金类居民消费价格指数由 105.3 降至 102.7。

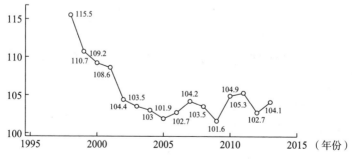

图 1-7 住房租金类居民消费价格指数（上年 = 100）

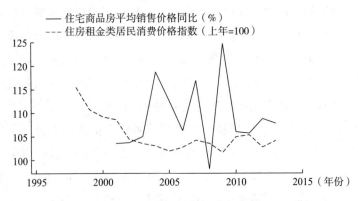

**图 1-8   住房租金类居民消费价格指数与住宅商品房
平均销售价格同比**

上述住房市场中住宅商品房平均销售价格同比与住房租金类居民消费价格指数的次第上升和下跌，与流动人口自身"流动就业"的特点不无关系。流动人口"流动就业"的特点是加剧租赁市场上住房租金波动的一个原因。流动人口所从事的工作多为服务业与建筑业，房地产市场的繁荣带来更多的工作机会，随之流动人口的到来会增加住房市场上的租赁需求；而房地产市场回落减少工作机会，随之流动人口的"回流"降低住房市场上的租赁需求。

二   为何要从流动人口出发研究住房市场

本书选择从流动人口的角度出发，对住房需求进而对住房市场进行分析，主要有以下考虑。

首先，在中国现行制度环境下，外来人口面临与本地户籍人口不同的约束条件，即使外来人口的收入、财富以及所处生命周期阶段与本地户籍人口相同，异质的约束条件可能会导致二者具有不同的住房需求行为。在现行户籍制度下，基本公共服务不均等成为外来人口与户籍人口约束环境的重要不同之处。基于此，有必要从理论以及实证上，对外来人口住房需求的微观行为加以研究。

其次，"流动就业"的特征使外出人口与其流出地家庭保持密切的经济联系，并共同做出经济决策。孙自铎（2004）认为"农民工带来了一双手的同时也带来一张嘴"，由于吃穿住行的消费主要在外地，这种外出打工方式会缩小流出地的消费市场。但具体到住房市场，流动人口更倾向于在其流出地进行住房投资，外出打工反而会提升其在流出地住房市场上的投资能力。

最后，对流动人口住房需求行为的研究有助于从需求层面考察城市间住房市场的分化。不同经济发展水平的城市通常具有不同的流动人口结构，同时每一个城市都不仅有户籍不在本地的外来人口，也会有户籍在本地却并未常住本地的外出人口。外来人口与外出人口在住房需求行为上的独特特征直接关系到不同城市间住房市场的差异。

三 研究内容

（一）基本概念的阐述

在对本书的主要内容进行阐述之前，先给出书中涉及的一些概念。

流动人口：与国际通行的人口转移只有人口迁移的状况不同，在中国户籍制度下，人口转移主要包括两种类型，一类是人口的转移伴随着户籍的相应变动，为"迁移人口"；另一类是人口虽然转移到异地但户籍没有相应的变动，为"流动人口"（段成荣、孙玉晶，2006）。本书对迁移人口和流动人口加以区别，同时强调流动人口的概念内涵包含"外来人口"和"外出人口"两种。外来人口是站在流入地的角度，而外出人口则是站在流出地的角度。外来人口和外出人口属于流动人口一枚硬币的两个侧面。

住房市场：本书强调住房的消费与投资双重属性，因此对住房市场的区分侧重于租赁市场和所有权市场。在租赁市场上，家庭以租金的形式购买住宅提供的居住服务，满足家庭的消费性住房需求。在所有权市场上，家庭以房屋总价的形式购买住宅所有权，满足家庭的投资性住房需求。

定居成本：为获取与本地居民一致的基本公共服务，以定居为目的的外来人口需要支付相对较高的成本。最明显的一个例子是，外来人口的子女在当地接受义务教育时可能面临较高的借读费。迪帕斯奎尔和惠顿（2002）在对住房价格与公共服务水平的关系进行介绍时，采用房地产税作为家庭享用公共服务应该支付的成本。① 与此不同，现阶段中国房地产税并未普遍施行，而且本书中的定居成本强调现行的与基本公共服务享用挂钩的户籍制度给外来人口在当地定居带来的制度障碍。

家庭汇款：家庭汇款（Migrants-to-Family Remittance）是"新迁移经济学"（New Economics of Labor Migration，NELM）框

---

① 在下面的连等式中，P 为房价，房价受两个因素影响。第一个因素是家庭对公共服务的支出意愿。位置租金是家庭对于一套住宅城镇公共服务的年金额 R 与公共服务水平 G 的乘积。第二个因素是家庭对于这些公共服务应该支付的成本，以居住在该城镇的纳税额来度量。如果城镇的房地产税率为 t，那么家庭的年度纳税额为 tP。在折现率或利率为 i 时，各种类型家庭的住宅价格应该是家庭对于公共服务的估值减去纳税额之后的现值。

$$P = \frac{RG - tP}{i} = \frac{RG}{i+t}$$

架下的一个重要概念。新迁移经济学强调迁移行为是家庭层面进行的决策。家庭中迁移人员（外出人口）与非迁移人员之间在一个"隐含的契约安排"下收益共享、成本共担，使家庭效用最大化。家庭中非迁移人员从外出人口处获得的一项重要支持就是"家庭汇款"。家庭汇款不仅包括外出人口汇给家庭非迁移人员的款项，也包含外出人口返乡时一并带回的储蓄款项。

住房消费套保效应：每个家庭消费住房居住服务时都会面临租金风险，对于租房住的家庭来说，其需要支付房租才能获得居住服务进行住房消费，当租金波动时就面临了租金风险；如果购买住房拥有了住房所有权，不用再支付租金就能享受居住服务，未来居住服务消费的租金风险被有效对冲了。而对于拥有住房所有权的家庭来说，其不用再直接支付租金就能享受自有住房提供的居住服务，但也会面临租金风险。拥有住房所有权的家庭相当于将住房出租给自己，支付了"隐性租金"，隐性租金是家庭未能在住房市场上出租住房的机会成本。

（二）本书结构介绍

本书主体部分有第二章"户籍与外来人口的住房模式选择"、第三章"流动就业与外来人口的住房模式选择"、第四章"外出人口与家庭住房需求"、第五章"外来人口、外出人口与房价"以及第六章"住房市场风险－收益关系研究——基于住房消费套保效应的证据"共五章。

第二至四章分别从流动人口的两个侧面，即外来人口和外出人口出发对家庭住房需求进行理论和微观实证分析。第二章（图1－9中的①）站在流入地的角度对外来人口的住房模式选择进行分析，认为户籍背后本、外地居民间公共服务的不均等增大了有定居意愿外来人口的定居成本，降低了其投资性需求，外来人

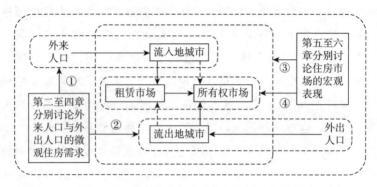

图 1-9 中国流动人口对住房市场影响研究

口倾向于选择较低住房模式。在此基础上，以 2011 年的"中国家庭金融调查数据"（CHFS）为对象，运用有序 Probit 回归实证分析了户籍对外来人口住房模式选择的影响机制和效应。

中国家庭住房自有率在 80% 以上，大多数外来人口在流入地选择租房居住的同时，在其流出地进行自建房或者购房，家庭的消费性住房需求和投资性住房需求在空间上产生分离。因此，第三章从流入地和流出地两方面对外来人口的住房模式进行完整考察，同样利用 CHFS 2011，主要针对"拥有住房但并不自住反而租赁其他住房"这一住房模式进行多元 Probit 回归分析。

在流入地租房居住，而在其流出地（户籍地）拥有住房成为流动人口"流动就业"期间的一种过渡性住房模式。大部分的流动人口终将返回其户籍所在地进行定居，因此第四章站在流出地的角度对家庭的住房需求进行讨论（图 1-9 中的②）。外出人口在外工作时与其户籍地家庭保持密切联系，汇款成为重要的经济纽带。第四章借助"新迁移经济学"的分析工具，围绕"家庭汇款"缓解家庭所面临流动性约束的"自融资"功能，对外出人口及其家庭在流出地的住房需求加以分析。在此基础上，以 CGSS 2010 调查数据为对象，运用 Tobit 回归实证分析了外出人口的"家庭汇款"对其流出地家庭住房需求的促进作用。

第五至六章就流动人口对住房市场的影响，利用70个大中城市的数据进行实证分析。由前述第二至四章的分析可知，外来人口与外出人口对住房需求的影响机制并不相同，因此第五章（图1-9中的③）对一个地区的流动人口结构，即外来人口占比和外出人口占比与房价的关系进行实证研究，并从房价和房价增长率两个方面对人口净流入城市与人口净流出城市住房市场间的差异进行考察。实证研究发现：外来人口对房价具有促进作用；在人口净流出地区，外出人口对房价综合表现为抑制作用，而在人口净流入地区，外出人口对房价综合表现为促进作用；无论是在人口净流入地区还是净流出地区，外出人口对房价增长率均表现为促进作用，但是外来人口对房价增长率的影响方向在不同时间段并不一致，这可能与外来人口"流动就业"的特征有关。

流动人口的"流动就业"特征还会加剧流入地城市租金的波动，增大家庭面临的租金风险。厌恶风险的家庭出于稳定住房消费的动机，倾向于购房以对冲租金风险。正是住房所有权的这种对冲租金风险的功能，使家庭可能宁可放弃部分预期收益率也愿意购买住房。在此基础上，第六章（图1-9中的④）考察住房市场风险-收益关系是否会因此表现出与传统金融资产"高风险高收益"不同的特征，即"高风险低收益"。

四　分析方法

（一）理论分析的考虑

由于所聚焦的问题不同，本书不同章节的理论模型之间具有一定差异。为保持不同章节间理论分析的一贯性，本书在各章中均强调分析对象，即住房商品以及中国制度背景的特殊性，对前述两种"特殊性"的考虑在本书中是一以贯之的。

对住房特点的考虑：住房具有消费与投资双重属性，因此本书对消费性住房需求和投资性住房需求加以区分。住房具有耐久性，使用寿命较长，这就意味着住房不仅具有使用价值，而且具有投资价值。作为生活的一项必需品，住房通过提供"住房服务"（Housing Service）实现其使用价值，因此住房服务通常对应于家庭对住房的消费性需求。拥有住房所有权的家庭通常能够获得投资收益，住房所有权对应于家庭对住房的投资性需求。消费性住房需求可以通过租房或购房来实现，而投资性住房需求仅可通过购房予以实现。

对消费性住房需求与投资性住房需求的区分在第二章、第四章以及附录 C 的理论分析中均有所体现。第二章有关外来人口住房模式选择的理论分析中，借助投资性住房需求与消费性住房需求之差对家庭住房模式的选择进行讨论。第四章有关外出人口与家庭住房需求的理论分析中，家庭在生命周期中对消费、储蓄的优化配置催生出投资性住房需求。而在附录 C 中，家庭面临的租金风险对应于住房的消费属性，厌恶租金风险的家庭宁愿放弃部分预期收益也更倾向于投资住房以稳定未来的住房消费，最终使住房风险 - 收益关系可能呈现"高风险低收益"。

对中国制度背景的考虑：中国的户籍系统不仅具有注册和登记的功能，而且附着了是否有获得医疗、养老、住房、教育等公共服务资格的福利功能。在这一制度背景下，外来人口消费、储蓄、投资等行为模式将有别于本地居民。另外，以"流动就业"形式外出的人口，难在流入地落户定居，但会与其流出地家庭通过家庭汇款保持密切的经济联系。

在考虑如何将制度特点纳入理论分析时，本书主要将制度背景对家庭的预算约束所带来的影响作为逻辑出发点。制度背景可改变家庭面临的限制条件和相对价格，最终改变家庭面临的预算约束以及选择可行集。由于在现行户籍制度下，对于能否获取一些基本公共服务通常与户籍身份相挂钩，所以在第二章的理论分析中，本书假设外来人口若想与本地居民一样获取同样的基本公共服务，需要支付更大的定居成本。而在第四章中，外出人口与其流出地家庭保持密切联系的经济纽带就是外出人口的家庭汇款，新迁移经济学视角下，家庭汇款具有缓解家庭面临的流动性约束的"自融资"功能，可以放松家庭投资住房时受到的限制。

（二）实证分析的方法与数据

1. 实证分析所采用的方法

本书中所采用的实证分析方法主要有：第二章中针对家庭住房模式的有序选择，采用有序 Probit 回归分析以及 Probit 回归分析；第三章中则采用多元 Probit 回归分析；第四章运用 Tobit 回归考察外出人口的家庭汇款对家庭住房需求的影响；第五章运用 OLS 回归对 70 个大中城市外来人口、外出人口与房价的关系进行分析；第六章则采用控制了城市异质性以及时间异质性的双维固定效应模型对 70 个大中城市的住房市场风险－收益关系进行分析。

2. 实证分析所采用的数据

本书的第二至四章所采用数据主要为微观调查数据。第二至三章利用中国家庭金融调查 2011 年（CHFS 2011）的截面数据对家庭住房模式选择进行分析。CHFS 2011 覆盖了 25 个省份 80 个县 320 个社区共 8438 户家庭，包含比较详细的家庭收入支出与资产负债方面的情况，尤其是对家庭居住情况以及住房产权的调查较为细致，适宜于本书对家庭住房模式进行区分。第四章分析外出人口的家庭汇款对住房需求的作用时，采用中国综合社会调查 2010 年（CGSS 2010）的截面数据。CGSS 2010 覆盖了中国大陆所有省级行政单位，包括 100 个县（区）外加北京、上海、天津、广州、深圳 5 个大城市总共 11783 户家庭。比较难得的是，其对家庭收入构成的统计中包含"流动人口外出带来的收入"一项，适宜于本书有关家庭汇款的分析。

本书第五至六章所采用的数据主要为 70 个大中城市房价数据以及各省（市）2000 年人口普查资料、2005 年人口抽样调查资料以及 2010 年人口普查资料。在人口普查资料中，对常住人口的界定以 6 个月时长为标准，而在前述微观调查数据中也会以 6 个月时长为标准对调查对象进行筛选，统计口径基本一致。

五 研究创新

本书有关流动人口对住房市场影响的研究主要有以下几点创新之处。

第一，与以往有关住房模式的研究多讨论租买两种模式不同，本书第二章依据投资性住房需求与消费性住房需求之差区分出四种住房模式，在此基础上展开家庭住房模式选择的分析。不仅如此，以往有关家庭租买选择的实证分析中，多强调外来人口在经济适用房、限价房等政策性住房上所受的购买限制，但是随着保障性住房政策从以往的"以售为主"向"以租为主"的逐渐转变，外来人口与本地居民在住房所有权的获得渠道上逐渐趋于一致，即购买商品住宅。本书则从户籍背后外来人口与本地居民间公共服务的不均等增大了有定居意愿的外来人口的定居成本出发，对户籍影响外来人口在流入地住房模式选择的机制进行理论分析和实证检验。

第二，与以往对流动人口的研究更多讨论外来人口不同，本书第四章也站在流出地的角度上，对流动人口的另一侧面，即外出人口加以关注。由于中国流动人口更多的是以"流动就业"而非"定居"的形式在流入地城市进行工作和生活，最终大部分的流动人口仍会返回流出地。外出人口在"流动就业"过程中会通过家庭汇款与流出地家庭保持密切联系。在新迁移经济学的视角下，外出人口的家庭汇款具有放松流出地家庭流动性约束的间接效应。本书第四章则基于此对家庭汇款通过流动性约束放松功能促进流出地家庭住房需求的作用进行理论和实证分析。

第三，以往有关流动人口对住房市场影响的实证研究中，更多的是讨论外来人口对流入地城市住房市场的促进作用。但在一个城市中，不仅外来人口会对住房市场产生影响，其外出人口也会通过家庭汇款对住房市场产生影响。本书第五章则利用 2000 年与 2010 年各省（市）人口普查资料，综合考察了外来人口与外出人口对中国 70 个大中城市 2005~2012 年房价的作用机制以及人口净流入城市与人口净流出城市住房市场之间的分化。

第四，外来人口"流动就业"的特征还会加剧流入地城市租金波动的风险，而住宅所有权具有对冲租金风险对住房消费进行"套保"的功能，这会激励面临租金风险的家庭购房。与中国以往有关住房市场的研究更关注住房价格与需求、更强调房价风险不同，本书第六章利用 70 个大中城市数据，对前述住宅所有权的住房消费套保功能是否会作用于住房市场风险-收益关系进行了实证分析。

第二章
户籍与外来人口的住房模式选择

　　中国的城镇化进程产生了大量流动人口,不断以"流动就业"或"定居"方式融入流入地,带来大量租房、购房需求。在关于住房需求的研究中,家庭住房模式选择是一项重要内容。借鉴 Henderson 和 Ioannides (1983)、Ioannides 和 Rosenthal (1994) 的思想,本章在区分投资性和消费性住房需求的基础上,对家庭住房模式选择进行理论分析。住房模式分为仅租赁住房 (Rent 1)、拥有自住住房同时租赁住房 (Rent 2)、拥有自住住房 (Own 1) 及同时拥有自住和非自住住房 (Own 2) 四种模式。随着投资性与消费性住房需求之差的增大,家庭住房模式由低向高逐渐转变 (Rent 1—Own 2)。已有文献基于中国转轨经济现实,认为市场力量和"单位"及"户籍"等体制性规则共同影响了家庭的住房模式选择 (Li, 2000;Huang and Clark, 2002)。本章进一步分析中国户籍制度特点对居民住房模式选择的影响机制,认为户籍背后本、外地居民间公共服务的不均等增大了有定居意愿外地居民的定居成本,降低了其投资性需求,外地居民倾向于选择较低住房模式。

一　文献回顾

　　Henderson 和 Ioannides (1983) 基于家庭消费和投资决策建

立了一个住房租买选择的基础理论框架：住房作为消费品可提供居住服务，家庭可通过租房实现消费性需求；住房资产作为投资品可带来收益，家庭可通过购房实现投资性需求。当投资性需求远小于消费性需求时，家庭选择仅租房；当投资性与消费性需求相差不大或投资性远大于消费性需求时，家庭选择购买自住住房。Fu（1991，1995）在此框架下，进一步考察了风险规避及流动性约束等因素对住房租买选择的影响。Megbolugbe 等（1991）认为，除收入与财富等经济因素外，住房需求也受年龄、婚姻状态、家庭构成等人口统计特征影响。Ioannides 和 Rosenthal（1994）、Arrondel 和 Lefebvre（2001）对美、法两国家庭的研究，发现投资性与消费性住房需求之差对家庭住房模式选择有解释力，但 Hausman 检验表明二者之差仍不能完全解释家庭住房模式选择。学者们也考察了家庭社会身份的影响。Painter 等（2001）按移民和非移民，以及亚裔和拉丁裔等区分对洛杉矶家庭的研究，发现移民家庭更倾向于租房，但亚裔移民家庭的住房自有率和当地白人家庭几乎一样。国外关于家庭住房模式的实证研究早期主要是运用截面数据，纵贯数据和面板数据逐渐丰富后，学者们多采用生存分析法研究家庭的动态选择（Ahn，2001；Goodman，2003；SiMing Li and Limei Li，2006；Smits and Mulder，2008）。

关于中国家庭的实证研究多强调"体制性规则"的影响，主要归结为家庭是否有资格获得福利房的"单位"和"户籍"因素。计划经济时代，单位行政级别越高、职工职位越高、拥有本地户籍的家庭，越容易获得福利房。进入转轨经济时代后，商品房出现，住房市场逐渐形成和发展，基于家庭经济实力和偏好的市场力量与体制性规则并存，共同影响家庭的住房选择（Li，2000；Huang and Clark，2002）。

1998 年房改后，市场力量逐渐占据主导地位，体制性规则中"单位"的影响已不再显著，但"户籍"的影响仍存在分歧。郑思齐（2007）利用 2002 年辽宁、广东、四川三省城调数据对家庭住房租买选择进行 Logit 回归分析，发现在商品房和福利房样本中，"单位"和"户籍"因素对家庭住房选择的影响都不再显著。但 Huang 和 Yi（2010）利用 2005 年"中国综合社会调查"数据的研究，发现"户籍"因素的影响仍然显著。另外，Zhou（2011）分析了中国家庭的收入、医疗和教育支出等因素对家庭住房租买选择的影响。孙玉环和张金芳（2014）基于 CFPS 2010 调查数据，从收入水平、受教育程度等角度探讨了家庭住房模式产生分化的原因。

二 基本公共服务不均等与外来人口的住房模式选择

（一）投资性住房需求、消费性住房需求与家庭住房模式选择

借鉴 Henderson 和 Ioannides（1983）、Ioannides 和 Rosenthal（1994）的思想，本章在一个两期模型中区分消费性和投资性住房需求来研究家庭住房模式选择。家庭效用函数为 $U(\cdot) + E[V(\cdot)]$，$U(\cdot)$ 为第一期效用，$E[V(\cdot)]$ 为第二期预期效用。家庭对住房服务 h 的消费量取决于可用于消费的住房存量 h_c 和使用率 u，即 $h = h_c f(u)$。其中，$f(u)$ 为家庭从单位住房存量中获取的住房服务，使用率 u 越高从单位住房中获得的住房服务 $f(u)$ 越多，但边际效应递减，即 $f'(u) > 0, f''(u) < 0$。

假设家庭可通过租房满足消费性需求，通过购房满足投资性需求。对于消费性需求，家庭在第一期对两期内租住的住房存量

h_C 及使用率 u 进行决策，两期内分别支付租金 $R_1 h_C$ 和 $R_2 h_C$ ，其中 R_1 和 R_2 分别为两期的租金率。除支付租金外，家庭每一期还需支付维护费用 b，$\tau(u)$ 是以租户为单位住房存量支付的维护费用，使用率 u 越高边际维护费用越高，即 $\tau'(u) > 0, \tau''(u) > 0$ 。对于投资性需求，家庭在第一期以价格 P_1 购买 h_I 存量住房，两期内出租住房赚取租金收入 $R_1 h_I$ 和 $R_2 h_I$ ，并向租户收取维护费用 $\tau(\bar{u})h_I$ ，其中 $\bar{u}$ 为租户对单位住房存量的使用率，为房东决策的外生变量。最后在第二期末以价格 P_2 卖出 h_I 。另外，假设家庭无法卖空住房，即 $h_I \geq 0$ 。作为房东，要承担所购住房全部的维护成本 $T(\bar{u})h_I$ ，$T(\bar{u})$ 为房东因租户对住房的使用而承担的单位住房存量的维护成本，随着使用率 $\bar{u}$ 增加边际维护成本提高，即 $T'(\bar{u}) > 0, T''(\bar{u}) > 0$ 。不确定性源于第二期的租金 R_2 与价格 P_2 及租户的使用率 $\bar{u}$ 。

基于"租赁外部性"的考虑，Henderson 和 Ioannides （1983） 假设 $\tau(u) < T(u), \forall u; \tau'(u) < T'(u), \forall u$ 。也就是说，虽然房东与租户均要承担维护责任，房东也可向租户收取一定维护费用，但作为住房所有者，房东最终得承担全部的维护成本。因此，对单位住房存量的任意使用率 u，房东承担的维护成本都大于租户支付的维护费用，即存在"租赁外部性"。

家庭决策由效用最大化 （2－1） 式和预算约束 （2－2） 式构成。其中，x_1 与 x_2 分别为第一、第二期的一般商品消费，$h_C f(u)$ 为住房服务消费，y_1 与 y_2 分别为两期获得的确定性收入。家庭储蓄 S 的无风险总收益率为 $(1 + r)$ 。

$$\underset{S, h_C, u, h_I}{\text{Max}} \{ U(x_1, h_C f(u)) + E[V(x_2, h_C f(u))] \} \quad (2-1)$$

$$\text{s.t. } y_1 + R_1 h_I + \tau(\bar{u})h_I = x_1 + R_1 h_C + \tau(u)h_C + P_1 h_I + T(\bar{u})h_I + S$$

$$y_2 + P_2 h_I + R_2 h_I + \tau(\bar{u})h_I + S(1+r) = x_2 + R_2 h_C + \tau(u)h_C + T(\bar{u})h_I$$

$$(2-2)$$

利用拉格朗日优化可得家庭决策的一阶条件。关于储蓄 S 的一阶条件见（2-3）式，U_1、V_1 分别为第一、第二期一般消费的边际效用。家庭选择最优储蓄水平，直至第一期一般消费的边际效用等于储蓄在第二期的预期边际效用。

$$S: U_1 = E[V_1](1 + r) \qquad (2-3)$$

关于租住住房存量 h_C 的一阶条件见（2-4）式。租住住房存量 h_C 获得的边际收益为第一期租房的边际效用 $U_2 f(u)$ 与第二期预期边际效用 $E[V_2]f(u)$ 之和，U_2、V_2 分别为第一、第二期住房服务消费的边际效用。边际成本为第一期支付的租金和维护费用在第二期的预期边际效用 $E[V_1(1 + r)(R_1 + \tau(u))]$ 与第二期支付的租金和维护费用的预期边际效用 $E[V_1(R_2 + \tau(u))]$ 之和。最优租房量 h_C 由边际收益等于边际成本决定。

$$h_C: U_2 f(u) + E[V_2]f(u) = E\{V_1[(1 + r)R_1 + R_2 + (2 + r)\tau(u)]\}$$
$$\qquad (2-4)$$

家庭对租房的最优使用率 u 由其边际收益 $(U_2 + E[V_2])f'(u)h_C$ 与边际成本 $(U_1 + E[V_1])\tau'(u)h_C$ 决定，即（2-5）式：

$$u: (U_2 + E[V_2])f'(u)h_C = (U_1 + E[V_1])\tau'(u)h_C \quad (2-5)$$

投资性住房需求 h_I 未直接进入效用函数，家庭最优住房投资量由（2-6）式决定，其中 $T(\bar{u}) - \tau(\bar{u})$ 为房东对单位住房存量收取维护费用后，需额外承担的维护成本。（2-6）式为典型的住房资产均衡条件；$\{P_2 + (1 + r)[R_1 - (T(\bar{u}) - \tau(\bar{u}))] + R_2 - (T(\bar{u}) - \tau(\bar{u}))\}$ 为住房资产提供的收益；V_1/U_1 为边际替代率，反映投资者以第二期消费替换第一期消费的意愿程度。

$$h_I : E\left(\frac{V_1}{U_1}\{P_2 + (1+r)[R_1 - (T(\bar{u}) - \tau(\bar{u}))] +\right.$$

$$\left. R_2 - (T(\bar{u}) - \tau(\bar{u}))\}\right) = P_1 \qquad (2-6)$$

综上，家庭的最优消费性住房需求 $\bar{h}_C$ 和投资性住房需求 $\bar{h}_I$ 分别由 (2-4) 式和 (2-6) 式决定，且二者在空间上可以分离。家庭可租房满足消费性需求，同时购买其他住房满足投资性需求，也可以购房并入住同时满足两种需求。但考虑到"租赁外部性"，在相同收入禀赋下，入住"满足投资性需求而购买的住房"可以带来比租房更高的效用，家庭会选择"购买并入住"(Own-occupy) 模式，此时两种需求在空间上不会产生分离。[1]

购房通常涉及的交易成本较高，也会面临最小购买面积约束。在投资性与消费性住房需求之差、租赁外部性、最小购买面积和交易成本因素的共同作用下，家庭住房模式选择可分为下述四种。

仅租赁住房 (Rent 1)：投资性需求 $\bar{h}_I$ 远小于消费性需求 $\bar{h}_C$，即 $\bar{h}_I \ll \bar{h}_C$ 时，由于存在最小购买面积约束和交易成本，家庭将忽略投资性需求，只租赁住房量 $\bar{h}_C$ 满足消费性需求。

拥有自住住房同时租赁住房 (Rent 2)：$\bar{h}_I$ 较小，即 $\bar{h}_I < \bar{h}_C$ 时，家庭将购买住房量 $\bar{h}_I$ 并入住，然后通过租房满足余下的住房消费需求量 $\bar{h}_C - \bar{h}_I$。

拥有自住住房 (Own 1)：$\bar{h}_C$ 与 $\bar{h}_I$ 相等，即 $\bar{h}_I = \bar{h}_C$ 时，家庭购买 $\bar{h}_I$ 并入住。$\bar{h}_C$ 和 $\bar{h}_I$ 近似相等时，考虑到租赁外部性，家庭会调整最优投资性需求和消费性需求，使两者相等。

同时拥有自住住房和非自住住房 (Own 2)：$\bar{h}_I$ 较大或远大于

---

[1]　关于租赁外部性引致家庭更偏好"购买并入住"的住房模式的推导，可参见附录 B 或者 Henderson 和 Ioannides (1983)。

$\tilde{h}_c$，即 $\tilde{h}_I > \tilde{h}_c$ 或 $\tilde{h}_I \gg \tilde{h}_c$ 时，家庭购买住房量 $\tilde{h}_I$，入住部分住房 $\tilde{h}_c$ 以满足消费性需求，将剩余住房 $\tilde{h}_I - \tilde{h}_c$ 出租。

图 2-1 直观反映了上述分析的结果。其中，纵轴代表住房存量，横轴代表影响两种住房需求的共同因素。消费性需求 $\tilde{h}_c$ 的弹性小于投资性需求 $\tilde{h}_I$，表现出一定的"刚性"。随着 $\tilde{h}_I$ 与 $\tilde{h}_c$ 之差 $J \equiv \tilde{h}_I - \tilde{h}_c$ 的增大，住房模式在 Rent 1、Rent 2、Own 1 和 Own 2 之间由低到高逐渐转换，相应转换的临界值 $\alpha_1 < \alpha_2 < \alpha_3$，且 $\alpha_1 < 0, \alpha_2 < 0, \alpha_3 > 0$，因此有命题一。

命题一：家庭的住房模式选择由投资性住房需求与消费性住房需求之差 $\tilde{h}_I - \tilde{h}_c$ 决定，随着二者之差的增大，住房模式选择由低向高逐渐转变（Rent 1—Own 2）。

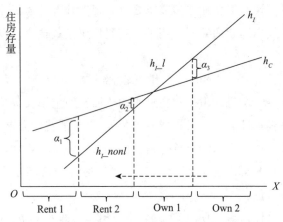

图 2-1　投资性需求、消费性需求与住房模式选择

（二）户籍制度特点对外地居民住房模式选择的影响

在中国的现行制度下，居民对公共服务的享用常与其户籍身份挂钩，公共服务的分配在本、外地居民间普遍不均等。李强（2003）认为，在一般推拉因素（主要是经济因素）和户籍制度

共同作用下，城市农民工出现准备定居和单纯外出打工两种生存策略，户籍制度对已进入本地但尚未购房定居的外地人形成定居限制。Boehm 等（1991）有关家庭迁移（定居）决策和租买选择的研究，认为家庭定居决策与住房投资决策高度相关，对前者产生影响的因素通常也影响后者。因此，有定居意愿的外地居民在购房时，不得不考虑户籍背后医疗、教育等公共服务不均等带来的影响。

有定居意愿的外地居民最为重视的公共服务可能是子女教育。在一些教育资源相对短缺的城市，公立学校将入学资格与户籍相联系，也与房产证进行挂钩，方便层层筛选。这样，家庭对教育等公共服务的享用与其住房投资捆绑在一起。高波等（2013）也认为"相对于租赁住房，在中国自有住房可以使所有者更充分享受以公共教育资源为代表的基本公共服务"。

考虑到户籍背后的福利制度，本章将效用函数中一般商品 x 进一步区分为公共服务 g 与其他一般商品 z，最大化问题变为（2-7）式：

$$\underset{S,h_c,u,h_l}{\text{Max}} \left\{ U(z_1,g,h_C f(u)) + E\left[V(z_2,g,h_C f(u)) \right] \right\} \qquad (2-7)$$

公共服务 g 的价格为 a，设在两期内保持不变。外地居民为达到与本地居民同样的公共服务使用水平，他们将面临更高的价格，即 $a\_nonl > a\_l$。设家庭在第一期决策公共服务需求，并在第二期保持不变，家庭的预算约束变为（2-8）式：

$$y_1 + R_1 h_l + \tau(\bar{u}) h_l = z_1 + ag + R_1 h_C + \tau(u) h_C + P_1 h_l + T(\bar{u}) h_l + S$$

$$y_2 + P_2 h_l + R_2 h_l + \tau(\bar{u}) h_l + S(1+r) = z_2 + ag + R_2 h_C + \tau(u) h_C + T(\bar{u}) h_l$$

$$(2-8)$$

鉴于家庭对子女教育等公共服务的享用常与住房投资捆绑在

一起，作为一种简化处理，本章用线性关系（2 - 9）式刻画两者之间的相关性。其中 $b > 0$，[1] 即 1 单位的住房投资承载了 b 单位的公共服务，为获得更多或更高水平的公共服务，家庭需进行更多的住房投资。

$$g = bh_I \qquad (2-9)$$

利用拉格朗日优化方法，类似可得关于 S、h_c、u 及 h_I 的一阶条件，分别为（2 - 10）式、（2 - 11）式、（2 - 12）式、（2 - 13）式。与未考虑户籍影响的一阶条件（2 - 3）式、（2 - 4）式、（2 - 5）式、（2 - 6）式相比，除投资性需求 h_I 外，储蓄、消费性需求及住房使用率的一阶条件基本保持不变。

与（2 - 6）式相比，h_I 的一阶条件（2 - 13）式左边增加了一项因投资住房而带来的公共服务的边际收益 $(U_2 + E[V_2])b/U_1$，右边多了一项与住房投资相联系的公共服务的边际成本 $(2 + r)ab/(1 + r)$。此时出现了"公共服务资本化"现象，[2] 实际房价 $P_1 + \dfrac{2 + r}{1 + r}ab$ 既反映了公共服务价格 a 的影响，也反映了公共服务数量或质量差异 b 的影响。[3]

---

[1] 现实中住房投资通常有最低面积要求，$g = \begin{cases} g_0 & h_1 \geq h_{I0} \\ 0 & h_1 < h_{I0} \end{cases}$ 可能是更贴近现实的假设，即当住房投资达到或超过某一临界值 h_{I0} 时，家庭才有资格享有以位置为基础的公共服务 g_0。本章以 $g = bh_I$ 进行刻画，主要是想集中体现与户籍捆绑的公共服务享用 g_0 与必需的一定数量的住房投资（h_{I0}）的正相关性，同时考虑了模型的简洁性和易驾驭性。

[2] 梁若冰和汤韵（2008）、冯皓和陆铭（2010）对中国地方公共服务特别是教育资本化的现象进行了更为详细的讨论。

[3] 当 b 取值较大时，少量的住房投资 h_1 就可以享用较多或更高水平的公共服务，即较大的 g，此时便会出现"天价微小学区房"现象。

$$S:U_1 = E[V_1](1+r) \qquad (2-10)$$

$$h_c:U_3f(u) + E[V_3]f(u) = U_1(R_1 + \tau(u)) + E[V_1(R_2 + \tau(u))] \qquad (2-11)$$

$$u:(U_3 + E[V_3])f'(u) = (U_1 + E[V_1])\tau'(u) \qquad (2-12)$$

$$h_1:E\left(\frac{V_1}{U_1}\{P_2 + (1+r)[R_1 - (T(\bar{u}) - \tau(\bar{u}))] + R_2 - (T(\bar{u}) - \tau(\bar{u}))\}\right) +$$

$$\frac{U_2 + E[V_2]}{U_1}b = P_1 + \frac{2+r}{1+r}ab \qquad (2-13)$$

由于外地居民面临的公共服务价格 a_nonl 高于本地居民的 a_l，这加大了外地居民的定居成本，降低了定居意愿，最终降低投资性需求 h_1。如图 2 - 2 中所示，MR 表示本、外地居民投资住房时共同的边际收益曲线。MC_l 和 MC_nonl 分别表示本、外地居民的边际成本曲线，$(2+r)a\_nonl \times b/(1+r)$ 大于 $(2+r)a\_l \times b/(1+r)$，则 MC_nonl 高于 MC_l。因此，在同样收入禀赋下，外地居民的投资性需求 $\bar{h}_1\_nonl$ 小于本地居民的 $\tilde{h}_1\_l$。在图 2 - 1 中，$\tilde{h}_1\_l$ 沿着投资性需求曲线向下运动至 $\tilde{h}_1\_nonl$，投资性与消费性需求之差 J 逐渐降低，家庭住房模式由 Own 2 向 Rent 1 转变，这构成了命题二。

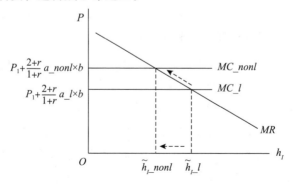

图 2 - 2　外地与本地居民的投资性住房需求

命题二：户籍背后外地居民与本地居民间公共服务的不均等增大了有定居意愿的外地居民的定居成本，降低了其投资性住房需求，外地居民更倾向于选择较低的住房模式。

三　实证模型与数据

（一）实证模型

1. 有序 Probit 回归

在前面理论分析中，投资性与消费性需求之差 J 由低到高决定了四种住房模式。借鉴 Ioannides 和 Rosenthal （1994）的研究思路，本章也采用有序 Probit 回归进行分析。根据命题一，两种需求之差决定住房模式选择时，四种模式之间转换的临界值须满足 $\alpha_1 < \alpha_2 < \alpha_3$，且 $\alpha_1 < 0, \alpha_2 < 0, \alpha_3 > 0$。因此，预期四元有序 Probit 回归的三个截距项将呈现前两个为负而第三个为正的特征。

2. Hausman 检验

利用四元有序 Probit 回归与相应三个 Probit 回归的参数估计构造 Hausman 统计量，可对投资性与消费性需求之差能否完全决定家庭住房模式选择进行规范的检验。三个 Probit 回归对应的二元选择分别为：Rent 1 与 Rent 2/Own 1/Own 2、Rent 1/Rent 2 与 Own 1/Own 2、Rent 1/Rent 2/Own 1 与 Own 2。Hausman 检验的零假设为投资性与消费性需求之差完全决定了家庭住房模式选择，随着 J 的增大住房模式由低向高有序转变，此时有序 Probit 回归的参数估计一致且有效；而 Probit 回归由于未完全利用"有序"信息，其参数估计一致但并不有效。备择假设为两种需求之差并不能完全决定住房模式选择，此时有序 Probit 回归错误地利用了"有序"信息,其参数估计并不一致,但 Probit 回归的估计是一致的。

检验统计量 H 的构造见 (2 - 14) 式。其中,$k = \{1,2,3\}$,q_{sk} 为相应 Probit 回归的参数估计值,包括截距项;q_{ok} 为四元有序 Probit 回归的参数估计值,其中截距项为相应的 α_k。V_{ok} 和 V_{sk} 分别为参数估计的协方差矩阵。H 服从一个渐近 χ^2 分布。

$$H = \sum_k^3 (q_{ok} - q_{sk})'[V_{ok} - V_{sk}]^{-1}(q_{ok} - q_{sk}) \qquad (2 - 14)$$

(二)数据和变量

本章数据主要来自"中国家庭金融调查数据"(CHFS 2011)[①]、《中国区域经济统计年鉴 2012》以及《中国 2010 年人口普查资料》。CHFS 2011 包含了较详细的家庭收入支出、资产负债及住房状况数据。关于主要变量的说明如下。

1. 住房模式

本章根据 CHFS 2011 调查问卷中 5 项问题对"家庭是否拥有自有住房、现居住住房为自有住房还是租赁住房,以及居住套数与自有套数之比"三个维度进行辨别并最终形成四种住房模式,见表 2 - 1。其中,居住套数与自有套数之比反映消费性与投资性住房需求之间的相对大小。5 项问题分别为:①A1010"在本村/小区内,除本处住宅外,您家还有几套用于居住的住宅?包括租来的房子,不包括租出去的房子";②A1011"除在本村/小区的住宅外,您家在国内其他地方还有几套用于居住的住宅?包括租来的房子,不包括租出去的房子";③C1001"目前,您

---

① CHFS 2011 覆盖 25 个省份 80 个县 320 个社区共 8438 户家庭。

家所居住的房屋是属于？1. 家庭成员自有的，2. 租赁的，3. 免费居住的"；④C2001 "您家拥有自有的房屋吗？1. 有，2. 没有"；⑤C2002 "您家共拥有几套房子？"。根据问题 A1010 与 A1011 可获得家庭居住总套数；根据 C2002 可获得家庭拥有总套数。根据 C2001 可判定家庭是否拥有自有住房。根据 C1001、C2001、A1010、A1011 和 C2002 可判定家庭现居住住房属于租赁、自有还是自有＋租赁。①

表 2－1　家庭住房模式的定义

家庭住房模式	自有住房	现居住住房	居住套数与自有套数之比	家庭数（户）
Rent 1	无	租赁	居住套数＞自有套数	775
Rent 2	有	自有＋租赁	居住套数＞自有套数	559
Own 1	有	自有	居住套数＝自有套数	6378
Own 2	有	自有	居住套数＜自有套数	153
合计				7865

注：本章样本不包含诸如"拥有住房但并不自住反而租赁其他住房"的住房模式，CHFS 2011 共有 563 户此类家庭。这一住房模式投资性需求与消费性需求在空间上出现分离，本章没有详细讨论这种情形。另外，选择这种住房模式的家庭中外地农业户籍占比很大，他们对住房模式的选择很大程度上是依工作地点的选择而定的，对住房模式选择与劳动力市场选择进行联合建模更适合研究这种情形。

　　根据前述 5 项问题设置和相关回答，难以精确衡量家庭在本地的住房数量，因而无法准确刻画家庭在本地的住房模式选择。本章理论分析中主要是针对户籍及本地相关的公共服务展开讨

① 具体地，当 A1010＋A1011＞C2002，C1001＝2 或 3，C2001＝2 时，家庭住房模式为 Rent 1；当 A1010＋A1011＞C2002，C1001＝1，C2001＝1 时，家庭住房模式为 Rent 2；当 A1010＋A1011＝C2002，C1001＝1，C2001＝1 时，家庭住房模式为 Own 1；当 A1010＋A1011＜C2002，C1001＝1，C2001＝1 时，家庭住房模式为 Own 2。

论，相应的实证分析中也应以家庭在本地（本市）住房模式作为目标被解释变量。但由于家庭在本地的住房模式无法准确衡量，本章以前述四类住房模式作为目标被解释变量的替代变量。此外，本章也分析了替代变量与目标被解释变量的差异对实证研究结果可能的影响，发现本章的基本研究结论具有良好的稳健性。

2. 户籍状况

家庭户籍状况利用虚拟变量来反映。户籍不在本市/县时，*hukou_nonlocal* =1，否则 *hukou_nonlocal* =0；为农业户籍时，*hukou_ agriculture* =1，否则 *hukou_agriculture* =0。城镇化程度越高、经济越发达的地区，外地与本地居民在公共服务享受方面的差距越大，外地居民的定居成本也越大。本章设置了相应的城镇化程度虚拟变量，*urbanization_low* =1、*urbanization_middle* =1 和 *urbanization_ high* =1 时分别为低、中等和高城镇化程度地区。在经济发展水平上，东部地区更高，本章用东部、中部、西部地区虚拟变量直观反映，*east* =1、*middle* =1 和 *west* =1 时分别为东部、中部、西部地区。

表 2 - 2 反映了不同户籍状况下家庭的各种住房模式占比。表 2 - 2 中第 2 ~ 3 行为本、外地居民各种住房模式占比。45.53% 的外地居民选择 Rent 1，仅 7.93% 的本地居民选择 Rent 1。8.13% 的外地居民选择 Rent 2，高于本地居民的 7.00%。城镇化程度越高、经济越发达的地区，本、外地居民在公共服务享受方面的差距越大，当地政府设立的落户门槛通常也越高，外地居民的定居成本越大、投资性住房需求越小。表 2 - 2 中第 4 ~ 6 行反映了不同城镇化程度地区外地居民的各种住房模式占比。① 高城

---

① 借鉴陆铭等（2014）对城镇化程度的定义，外来人口占常住人口的比例越高，城镇化程度越高。本章以 25 个省份 2010 年外来人口占常住人口比例的 75% 分位数和 25% 分位数作为划分高、中等、低城镇化程度地区的临界值。

中国流动人口对住房市场的影响

镇化程度地区 55.31% 的外地居民选择 Rent 1，远高于中等、低城镇化程度地区。表 2－2 中第 7～9 行是东部、中部、西部地区外地居民中各种住房模式占比。东部地区 51.88% 的外地居民选择 Rent 1，远高于中部、西部地区。

表 2－2　不同户籍状况下家庭的各种住房模式占比

单位：%

户籍＼住房模式		Rent 1	Rent 2	Own 1	Own 2
本地居民		7.93	7.00	83.09	1.98
外地居民		45.53	8.13	45.53	0.81
外地居民	低城镇化程度地区	34.78	15.94	46.38	2.90
	中等城镇化程度地区	25.68	9.46	64.86	0
	高城镇化程度地区	55.31	5.31	38.94	0.44
	西部地区	21.21	15.15	60.61	3.03
	中部地区	32.86	15.71	50.00	1.43
	东部地区	51.88	5.26	42.48	0.38

3. 其他影响因素

（1）收入与财富。家庭可支配收入 income 利用 CHFS 2011 中家庭收入项与必要支出项之差构造。收入项主要有工资性、经营性、财产性和转移性收入。必要支出主要由负债利息支出与社会保险和商业保险的缴费支出构成。家庭净资产价值 wealth 根据非金融资产净值（不含住房）、金融资产净值、保险与保障项目价值及其他负债计算得到。

（2）家庭人口统计特征。户主年龄 age 和平方项 age^2 反映家庭选择的生命周期特征；家庭规模 hsize 为家庭人口数；家庭为女性户主 female ＝ 1，否则 female ＝ 0；户主受教育水平 educa-

tionlevel 为类别变量，未上过学 *educationlevel* = 1、初等教育 *educationlevel* = 2、中等教育 *educationlevel* = 3、高等教育 *educationlevel* = 4；户主已婚 *maritalstatus* = 1，否则 *maritalstatus* = 0；受访者具有政治身份 *politicalaffiliation* = 1，否则 *politicalaffiliation* = 0。[①]

（3）地区特征。本章以区域平均房价与平均可支配收入之比，即房价收入比 *piratio* 反映购房与租房的相对成本，[②] 以常住人口总数 *pop* 和人口密度 *denpop* 反映地区规模。考虑到人口结构对住房市场的影响（Mankiw and Weil，1989；徐建炜等，2012；陈斌开等，2012；Wei et al.，2012），本章以年轻人口占比 *youngshare*、性别比例 *sexratio* 刻画不同区域的人口结构特征。[③]

表 2 - 3 是前述其他影响因素的基本统计描述分析。*income* 在四种住房模式中未表现出明显差异，*wealth* 的均值在 Rent 1 下最小、在 Own 2 下最大，住房模式转换主要由家庭净资产价值推动。家庭人口统计特征方面，随着户主平均年龄 *age* 从 45.50 岁上升至 50.22 岁，住房模式逐渐从 Rent 1 转换至 Own 1，Own 2 模式下户主平均年龄有所下降。*hsize* 的均值在 Rent 1 下最小、在 Own 2 下最大，意味着规模大的家庭会选择较高住房模式。随着 *maritalstatus* 均值由小变大，家庭选择的住房模式从 Rent 1 转

---

① 本章将已婚、同居、分居、离婚或丧偶统一定义为已婚；若受访者的政治面貌是中共党员、民主党派或其他党派，本章认为其具有政治身份。

② 关于购房与租房相对成本的衡量，房价租金比可能更适宜，但对于房价租金比的跨区域比较存在数据可获得性上的问题，本章以房价收入比作为房价租金比的一个代理变量。

③ CHFS 的区域标识为省级，本书的区域特征变量均为省级层面上的。*piratio* 中房价与收入分别为商品房（住宅）平均销售价格与城镇居民人均可支配收入；人口密度 *denpop* 为年末常住人口数与土地面积之比；年轻人口占比 *youngshare* 为 2010 年 20 ~ 49 岁人口占常住人口比重；性别比例 *sexratio* 为婚育年龄（20 ~ 29 岁）男性与女性人口之比。

变为 Rent 2、Own 1、Own 2 三种。另外，*female* 和 *educationlevel* 的均值在四种住房模式中未表现出明显差异，*politicalaffiliation* 的均值在 Own 1、Own 2 下较大。地区特征方面，*piratio* 较高、*youngshare* 较大、*sexratio* 较高的地区，家庭更倾向于选择 Rent 1。最后，*hukou_agriculture* 的均值在 Rent 1 下最小，农业户籍家庭倾向于选择较高住房模式。与城镇居民购买商品房相比，农村居民自建住房的成本相对较低，住房自有率相对较高。

表 2-3 家庭住房模式选择与其他影响因素（均值）

变量	Rent 1	Rent 2	Own 1	Own 2	Total
hukou_agriculture（农业户籍）	0.362	0.554	0.543	0.470	0.524
income（家庭可支配收入，元）	22666	39474	22109	16108	23229
wealth（家庭净资产价值，元）	76938	190344	125611	365294	128901
age（户主年龄，岁）	45.50	48.30	50.22	47.38	49.57
hsize（家庭规模，人）	2.663	3.750	3.586	3.928	3.513
maritalstatus（户主婚姻状态）	0.865	0.958	0.969	0.926	0.9571
female（户主性别）	0.546	0.425	0.458	0.441	0.464
educationlevel（户主受教育水平）	2.892	2.800	2.683	3.013	3.011
politicalaffiliation（户主政治面貌）	0.139	0.137	0.155	0.208	0.152
piratio（房价收入比）	0.275	0.252	0.242	0.245	0.246
pop（常住人口总数，万人）	5045	6076	5930	6516	5865
denpop（人口密度，万人/平方公里）	752.6	764.4	592.9	609.5	621.1
youngshare（年轻人口占比，%）	53.07	51.72	51.21	51.69	51.44
sexratio（性别比例，%）	103.2	101.3	100.9	101.7	101.2
N（样本大小）	775	559	6378	153	7865

四　实证分析

（一）投资性、消费性住房需求与家庭住房模式选择

表 2 - 4 是对四类住房模式进行的四元有序 Probit 回归结果。[①] 模型 1 的解释变量包括经济因素、家庭人口统计特征、地区特征等；模型 2 纳入"户籍"因素；针对家庭净资产价值易产生内生性问题，模型 3 引入工具变量进行估计。[②] 主要结论如下。

经济因素方面，可支配收入越多、净资产价值越大的家庭选择的住房模式越高。模型 1 ~ 3 中，$\log(income)$ 和 $\log(wealth)$ 的影响均为正，且 $\log(wealth)$ 的影响统计显著。可支配收入越多、净资产价值越大的家庭对住房的投资性需求越大，远超消费性需求，家庭逐渐从较低住房模式转换到较高住房模式。

家庭人口统计特征方面，家庭规模越大，其选择的住房模式越高，户主年龄与住房模式选择之间呈"倒 U"形关系。模型 1 ~ 3 中，家庭规模 $hsize$ 以及户主年龄 age 对住房模式选择的影响均在 1% 的水平下统计显著。$hsize$ 越大，投资性与消费性需求之差 J 越大，家庭逐渐向较高住房模式转换。age 对住房模式选择的影响呈现"倒 U"形，在 62 ~ 64 岁时 J 达到最大。类似地，

[①] 误差项出现异方差时会导致有序 Probit 回归的系数估计不一致。Litchfield 等（2012）认为，若试图识别解释变量对被解释变量影响的平均效应，那么这种系数估计的不一致性将是显著的；但系数估计的方向受异方差的影响相对较小。对此，本章也基于模型 2 做了对异方差调整后的有序 Probit 回归，并与此处模型 2 对比，发现二者系数估计的绝对值有所不同，方向却全部一致。

[②] 本章以 CHFS 中家庭月度食物支出作为工具变量进行条件（递归）混合过程估计。据 Roodman（2011）的研究，这种估计方法可用于应对出现内生性问题的有序 Probit 回归，得到一致估计量。下文模型 5、模型 7 ~ 11 均采用了这一估计方法。

美国和法国家庭户主年龄对住房模式选择的影响也呈"倒 U"形，分别在 75 岁和 64 岁时 *J* 达到最大（Ioannides and Rosenthal，1994；Arrondel and Lefebvre，2001）。户主性别 *female*、户主受教育水平 *educationlevel* 及婚姻状态 *maritalstatus* 对住房模式选择的影响统计不显著，具有政治身份的家庭倾向于选择较高住房模式。

表 2 – 4 家庭住房模式选择

	模型 1	模型 2	模型 3
log（*income*）	0.0109 （0.73）	0.0194 （1.28）	0.00868 （0.40）
log（*wealth*）	0.0955*** （7.43）	0.0919*** （7.12）	0.133** （2.16）
hsize	0.113*** （7.34）	0.0968*** （6.20）	0.0917*** （5.33）
female	0.0231 （0.52）	0.0339 （0.75）	0.0461 （0.95）
age	0.0548*** （5.80）	0.0425*** （4.42）	0.0419*** （4.34）
age^2	− 0.000439*** （− 4.95）	− 0.000340*** （− 3.79）	− 0.000328*** （− 3.55）
educationlevel = 1	0.0481 （0.64）	0.00879 （0.11）	0.0314 （0.38）
educationlevel = 2	0.0270 （0.51）	0.000920 （0.02）	0.0158 （0.26）
educationlevel = 4	− 0.0305 （− 0.39）	0.00536 （0.07）	− 0.0285 （− 0.30）
maritalstatus	0.127 （1.05）	0.116 （0.95）	0.102 （0.83）

续表

	模型 1	模型 2	模型 3
politicalaffiliation	0.159** (2.31)	0.154** (2.21)	0.147** (2.07)
log（*piratio*）	−0.0200 (−0.11)	0.0464 (0.25)	0.0566 (0.31)
log（*pop*）	0.00727 (0.15)	−0.00288 (−0.06)	−0.000755 (−0.02)
log（*denpop*）	0.0320 (1.09)	0.0409 (1.38)	0.0370 (1.24)
youngshare	−0.0312** (−2.55)	−0.0239* (−1.91)	−0.0226* (−1.79)
sexratio	−0.00461 (−0.86)	−0.00646 (−1.20)	−0.00601 (−1.11)
hukou_nonlocal		−0.916*** (−9.73)	−0.907*** (−9.55)
hukou_agriculture		0.129** (2.43)	0.114** (2.02)
α_1	−0.945 (−1.04)	−1.307 (−1.41)	−1.204 (−1.28)
α_2	−0.610 (−0.67)	−0.961 (−1.03)	−0.859 (−0.91)
α_3	2.683*** (2.95)	2.351** (2.54)	2.445*** (2.62)
N	4379	4377	4629
pseudo R^2	0.054	0.071	

注：括号内为 t 值，*、**、*** 分别代表在 10%、5%、1% 的水平下显著。将户主受教育水平为中等教育，即 *educationlevel* = 3 作为基础对照组，下表中其他变量以此类推。

地区特征方面，人口密度大的地区，家庭倾向于选择较高住房模式；年轻人口占比高、性别比例失衡较严重的地区，家庭倾向于选择较低住房模式。模型 1 ~ 3 中，人口密度 log（$denpop$）的系数为正，年轻人口占比 $youngshare$ 和性别比例 $sexratio$ 的系数均为负，且 $youngshare$ 对住房模式选择的影响统计显著。最后，房价收入比 log（$piratio$）对住房模式选择的影响不显著，可能是两种方向相反的机制共同作用所致：房价收入比高的地区，相对于买房，租房成本较低，家庭倾向于租房；同时，在房价持续走高的情形下，家庭会有"晚买不如早买"的心理（况伟大，2010；周京奎，2013），其更倾向于购房。

"户籍"因素显著影响家庭住房模式选择，外地居民倾向于选择较低住房模式。模型 2 ~ 3 中，$hukou\_nonlocal$ 的系数均为负，且在 1% 的水平下统计显著，表明外地居民显著倾向于选择较低住房模式。即使具有相同的收入与财富、对住房模式的偏好相似且处于相同住房市场，与本地居民相比，外地居民也仍更倾向于选择较低住房模式。另外，农业户籍家庭更倾向于选择较高住房模式，模型 2 ~ 3 中 $hukou\_agriculture$ 的系数显著为正。一个重要的原因是，与在城镇地区购买商品房相比，农村地区农户自建房的成本较低。

此外，模型 1 ~ 3 中，三个截距项的符号与前面理论分析一致，即前两个为负值而第三个为正值，表明考虑了"户籍"因素的投资性与消费性住房需求之差对住房模式选择有较好的解释力。

（二）不同城镇化程度和经济发展水平地区外地居民的住房模式选择

表 2 - 4 的回归分析发现，外地居民倾向于选择较低住房模式，但尚未对"户籍"因素发挥影响的机制进行验证。前面的

理论分析认为，外地居民会面临一些"隐性限制"，医疗、教育等公共服务上的户籍障碍会加大其定居成本，抑制其投资性需求，导致外地居民倾向于选择较低住房模式。通常在城镇化程度越高、经济越发达的地区，外地与本地居民在公共服务享受方面的差距越大，当地政府对外地居民设立的落户门槛越高，有定居意愿的外地居民的定居成本也越大。①

　　本章以城镇化程度和经济发展水平作为外地居民定居成本的代理变量，进一步考察"户籍"因素对外地居民住房模式选择的影响。表2-5中模型4~5分析不同城镇化程度地区外地居民住房模式选择，模型4仅考虑了"户籍"因素，模型5控制了其余变量。相应地，模型6~7分析东部、中部、西部地区外地居民住房模式选择。主要结论如下。

表 2-5　不同城镇化程度和经济发展水平的地区
外地居民的住房模式选择

	模型4	模型5	模型6	模型7
hukou_nonlocal	-0.956*** (-5.79)	-0.708*** (-3.34)	-0.602** (-2.50)	-0.499** (-2.01)
hukou_agriculture	0.217*** (6.98)	0.122** (2.15)	0.216*** (6.94)	0.120** (2.11)
nonlocal × urbanization_middle	0.234 (1.07)	0.157 (0.57)		
nonlocal × urbanization_high	-0.473** (-2.53)	-0.444* (-1.80)		
nonlocal × middle			-0.353 (-1.25)	-0.196 (-0.63)

———————

① 吴开亚等（2010）编制的落户门槛指数反映了上述事实。

	模型 4	模型 5	模型 6	模型 7
nonlocal × east			−0.737*** (−2.91)	−0.550** (−1.99)
log (*income*)		0.00897 (0.42)		0.00836 (0.39)
log (*wealth*)		0.132** (2.14)		0.131** (2.13)
hsize		0.0911*** (5.30)		0.0901*** (5.25)
female		0.0416 (0.86)		0.0459 (0.94)
age		0.0419*** (4.33)		0.0414*** (4.29)
age^2		−0.000330*** (−3.56)		−0.000325*** (−3.51)
educationlevel = 1		0.0318 (0.39)		0.0308 (0.37)
educationlevel = 2		0.0154 (0.26)		0.0131 (0.22)
educationlevel = 4		−0.0207 (−0.22)		−0.0184 (−0.19)
maritalstatus		0.0766 (0.62)		0.0877 (0.71)
politicalaffiliation		0.142** (2.00)		0.143** (2.01)
log (*piratio*)		0.0918 (0.50)		0.0536 (0.30)
log (*pop*)		−0.00176 (−0.04)		0.00445 (0.09)

	模型 4	模型 5	模型 6	模型 7
log（denpop）		0.0408 （1.35）		0.0451 （1.48）
youngshare		-0.0210* （-1.66）		-0.0213* （-1.70）
sexratio		-0.00603 （-1.11）		-0.00569 （-1.05）
α_1	-1.291*** （-47.42）	-1.190 （-1.27）	-1.292*** （-47.46）	-1.040 （-1.13）
α_2	-0.932*** （-38.18）	-0.844 （-0.90）	-0.933*** （-38.22）	-0.695 （-0.75）
α_3	2.168*** （53.21）	2.458*** （2.64）	2.168*** （53.21）	2.608*** （2.84）
N	7736	4629	7736	4629
pseudo R²	0.040		0.039	

　　高城镇化程度地区外地居民比中等、低城镇化程度地区外地居民更倾向于选择较低住房模式。首先，模型 4 ~ 5 中 hukou_nonlocal 的系数估计值均为负，且在 1% 的水平下统计显著，表明即使在低城镇化程度地区，外地居民也倾向于选择较低住房模式。其次，模型 4 ~ 5 中外地户籍与中等城镇化程度地区虚拟变量的交叉项 nonlocal × urbanization_middle 的系数估计值统计不显著，表明中等、低城镇化程度地区外地居民的住房模式选择无显著差异。但外地户籍与高城镇化程度地区虚拟变量的交叉项 nonlocal × urbanization_high 的系数估计值均为负，且分别在 5% 和 10% 的水平下统计显著，表明高城镇化程度地区外地居民比中等、低城镇化程度地区更加倾向于选择较低住房模式。

　　东部地区外地居民比中部、西部地区外地居民更倾向于选择较低住房模式。首先，模型 6 ~ 7 中 *hukou_nonlocal* 的系数估计值均为负，且在 5% 的水平下统计显著，表明即使在西部地区，外地居民也倾向于选择较低住房模式。其次，模型 6 ~ 7 中外地户籍与中部地区虚拟变量的交叉项 *nonlocal* × *middle* 的系数估计值统计不显著，表明中部、西部地区外地居民的住房模式选择无显著差别。但外地户籍与东部地区虚拟变量的交叉项 *nonlocal* × *east* 的系数估计值均为负，且分别在 1% 和 5% 的水平下统计显著，表明东部地区外地居民比中部、西部地区更倾向于选择较低住房模式。

另外，模型 5 和模型 7 中其他控制变量，如农业户籍、经济因素、家庭人口统计特征以及地区特征等对家庭住房模式选择的影响与表 2 - 4 中模型 3 的结论基本一致。同时，模型 4 ~ 7 的三个截距项符号也与理论预期一致。

（三）投资性与消费性住房需求之差对住房模式选择解释力的进一步考察

表 2 - 4 和表 2 - 5 中的三个截距项中前两个为负第三个为正的估计结果表明，考虑了"户籍"因素的投资性与消费性住房需求之差对家庭住房模式选择有较好的解释力，可借助 Hausman 检验考察二者之差能否完全决定住房模式选择。表 2 - 6 中模型 3 和模型 8 分别为四元与三元有序 Probit 回归，模型 9 ~ 11 均为 Probit 回归，通过有序 Probit 回归和 Probit 回归可以构造 Hausman 统计量。模型 8 中三元有序 Probit 回归的三个有序单元由低到高分别为 Rent 1/Rent 2、Own 1 与 Own 2。模型 9 ~ 11 的二元选择分别为 Rent 1 与 Rent 2/Own 1/Own 2、Rent 1/Rent 2 与 Own 1/Own 2、Rent 1/Rent 2/Own 1 与 Own 2。对比有序 Probit 与 Probit 回归的估计结果，发现除模型 11 外，模型 3、模型 8 ~ 10 的估计系数在作用方向及统计显著性上基本一致，这与美国与法国家庭

情况类似（Ioannides and Rosenthal, 1994; Arrondel and Lefebvre, 2001），再次表明考虑"户籍"因素后投资性与消费性住房需求之差对家庭住房模式选择具有解释力。

表 2 - 6 有序 Probit 回归、Probit 回归以及 Hausman 检验

	模型 3	模型 8	模型 9	模型 10	模型 11
hukou_nonlocal	-0.907***	-0.860***	-0.975***	-0.864***	-0.369
	(-9.55)	(-8.91)	(-9.05)	(-9.11)	(-1.00)
hukou_agriculture	0.114**	0.0919	0.290***	0.140**	-0.130
	(2.02)	(1.58)	(3.86)	(2.22)	(-0.98)
log (*income*)	0.00868	0.00985	-0.0104	0.00367	0.0546
	(0.40)	(0.45)	(-0.40)	(0.15)	(1.04)
log (*wealth*)	0.133**	0.0983	0.282***	0.0832	0.167
	(2.16)	(1.49)	(4.44)	(1.12)	(1.22)
hsize	0.0917***	0.0803***	0.175***	0.0847***	0.0973***
	(5.33)	(4.68)	(5.24)	(4.14)	(2.77)
female	0.0461	0.0456	0.0467	0.0262	0.145
	(0.95)	(0.92)	(0.75)	(0.48)	(1.33)
age	0.0419***	0.0401***	0.0519***	0.0436***	0.0349
	(4.34)	(4.12)	(4.49)	(4.30)	(1.27)
age^2	-0.000328***	-0.000323***	-0.000349***	-0.000353***	-0.000307
	(-3.55)	(-3.48)	(-3.13)	(-3.60)	(-1.14)
educationlevel = 1	0.0314	0.0517	-0.00670	0.129	-0.648*
	(0.38)	(0.62)	(-0.06)	(1.25)	(-1.80)
educationlevel = 2	0.0158	0.0210	0.0233	0.0533	-0.155
	(0.26)	(0.34)	(0.28)	(0.76)	(-0.99)
educationlevel = 4	-0.0285	-0.00500	-0.136	-0.0373	0.0872
	(-0.30)	(-0.05)	(-1.29)	(-0.37)	(0.45)
maritalstatus	0.102	0.0768	0.0318	0.0754	-0.154
	(0.83)	(0.63)	(0.23)	(0.61)	(-0.58)
politicalaffiliation	0.147**	0.151**	0.144	0.175**	0.0693
	(2.07)	(2.11)	(1.56)	(2.25)	(0.46)

	模型 3	模型 8	模型 9	模型 10	模型 11
log（piratio）	0.0566 (0.31)	0.0252 (0.14)	0.226 (0.89)	0.101 (0.46)	−0.393 (−0.88)
log（pop）	−0.000755 (−0.02)	−0.0108 (−0.22)	−0.0224 (−0.37)	−0.0479 (−0.91)	0.122 (0.95)
log（denpop）	0.0370 (1.24)	0.0358 (1.16)	0.0683* (1.79)	0.0503 (1.51)	−0.0287 (−0.35)
youngshare	−0.0226* (−1.79)	−0.0251** (−2.05)	−0.0202 (−1.18)	−0.0341** (−2.27)	0.0185 (0.53)
sexratio	−0.00601 (−1.11)	−0.00458 (−0.87)	−0.0132* (−1.96)	−0.00644 (−1.14)	0.00145 (0.11)
α_1	−1.204 (−1.28)		1.264 (0.99)		
α_2	−0.859 (−0.91)	−1.063 (−1.28)		1.937* (1.76)	
α_3	2.445*** (2.62)	2.226*** (2.68)			−6.060** (−2.31)
Hausman Test	6350	216			
N	4629	4629	4629	4629	4629

但 Hausman 检验的零假设被拒绝，考虑了"户籍"因素后的投资性与消费性住房需求之差并不能完全决定家庭住房模式选择。零假设下，四元有序回归与三个 Probit 回归的估计值应当无显著差异，三元有序回归与后两个 Probit 回归的估计值也应当无显著差异。然而，表 2 - 6 中 Hausman 检验的 χ^2 统计量分别为 6350 和 216，远大于临界值，拒绝了零假设。可见，即使考虑"户籍"因素，两种需求之差仍不能完全决定中国家庭住房模式的选择。

五 本章小结

本章主要考察户籍因素对中国居民家庭住房模式选择的影响，区分了仅租赁住房（Rent 1）、拥有自住住房同时租赁住房（Rent 2）、拥有自住住房（Own 1）及同时拥有自住住房和非自住住房（Own 2）四种由低到高的住房模式。在理论分析的基础上，基于 CHFS 2011 截面数据，采用有序 Probit 回归和 Probit 回归进行实证研究，主要发现如下方面。

第一，投资性与消费性需求之差对家庭住房模式选择有较好的解释力。有序 Probit 回归中，住房模式 Rent 1 向 Rent 2 转换的阈值为负，此时家庭的投资性需求远小于消费性需求；Rent 2 向 Own 1 转换的阈值为负但大于前一个阈值，此时投资性需求略小于消费性需求；Own 1 向 Own 2 转换的阈值为正，此时投资性需求超过消费性需求。

第二，家庭可支配收入越多、家庭净资产价值越大、家庭规模越大，则家庭越倾向于选择较高住房模式。户主年龄对住房模式选择的影响成"倒 U"形。另外，具有政治身份的家庭选择较高住房模式；年轻人口占比高、性别比例失衡较严重地区的家庭更倾向于选择较低住房模式。经济因素中净资产价值以及家庭人口统计特征中家庭规模和户主年龄对住房模式选择的影响显著，表明市场力量对家庭住房模式的选择发挥重要作用。

第三，外地居民倾向于选择较低住房模式；高城镇化程度地区、东部地区的外地居民比中等和低城镇化程度地区、中部和西部地区的外地居民更倾向于选择较低住房模式。外地与本地居民在享受公共服务特别是子女教育上的不均等，加大了有定居意愿外地居民的定居成本，抑制了其投资性需求，因而其更倾向于选择较低住房模式。而高城镇化程度地区、经济发展水平较高的东部地区，通常落户门槛更高、定居成本更大。可见，体制性"户籍"因素及与之关联的公共服务对家庭住房模式选择仍有重要影响。

第四，针对"投资性与消费性需求之差决定家庭住房模式选择"的假设利用 Hausman 统计量进行规范检验，发现即使考虑了"户籍"因素，投资性与消费性住房需求之差仍不能完全决定家庭住房模式选择。

中国住房市场有两个重要背景：其一，城镇化进程形成大量流动人口；其二，附着了医疗、养老、教育等众多福利的户籍制度是一项重要制度壁垒。在此背景下，大量有定居意愿的外地居民的购房需求受到抑制，而这种"抑制"并非源于经济因素与家庭偏好，而是源于户籍背后本、外地居民间享受公共服务的不均等。地方政府应当减少使用在住房市场不景气时"购房入户"或过热时针对外地居民限购之类的行政手段，切实依靠市场机制选择有能力的外地居民在当地购房定居，同时加快福利制度与户籍制度脱钩的改革步伐。

第三章
流动就业与外来人口的住房模式选择

在上一章有关户籍与外来人口家庭住房模式选择的理论分析中，内含一个重要的假设，即家庭投资性住房需求与消费性住房需求在空间上不会出现分离。若二者在空间上出现分离，即家庭租住住房满足消费性需求，同时拥有其他住房（未自住）满足投资性需求，那么家庭效用仍存在帕累托改进的空间。因而，上一章所探讨的四种住房模式，即仅租赁住房（Rent 1）、拥有自住住房同时租赁住房（Rent 2）、拥有自住住房（Own 1）以及同时拥有自住住房和非自住住房（Own 2）均建立在"家庭投资性住房需求与消费性住房需求在空间上不分离"的基础之上。然而，"家庭投资性住房需求与消费性住房需求在空间上不分离"的情形并不能涵盖所有的家庭住房模式，尤其是对于外来人口来说。

外来人口在流入地倾向于租房这一结论，似乎与中国较高的住房自有率相矛盾，但若从流入地和流出地两方面对外来人口的住房模式进行完整的分析，则对前述问题能有一个更清晰的认识。在 CHFS 2011 的样本家庭中，除 Rent 1、Rent 2、Own 1 和Own 2 四种模式以外，还有一种住房模式，即"拥有住房但并不自住反而租赁其他住房"（R&O）。R&O 住房模式便属于投资性住房需求与消费性住房需求在空间上产生分离的情形，本章主要针对此种住房模式加以分析。

一 问题的提出

（一）R&O 住房模式的定义

在 CHFS 2011 的样本家庭中，类似于第二章表 2-1 对 Rent 1、Rent 2、Own 1 和 Own 2 四种住房模式的定义，"拥有住房但并不自住反而租赁其他住房"（R&O）的住房模式也可通过两个维度，即是否拥有自有住房、现居住住房为自有住房还是租赁住房进行定义（不考虑居住套数与自有套数之比的大小），如表 3-1所示。

与 Rent 2、Own 1 和 Own 2 三种住房模式相比，R&O 既有相同之处又有不同之处。有别于 Rent 1，Rent 2、Own 1、Own 2 以及 R&O 均拥有住房，也就是均包含了家庭的投资性住房需求。但与 Rent 2、Own 1 以及 Own 2 三者不同的是，R&O 住房模式下家庭的投资性住房需求与消费性住房需求在空间上出现分离。

表 3-1　家庭住房模式之 R&O

家庭住房模式	自有住房	现居住住房	居住套数与自有套数之比	家庭数（户）
R&O	有	租赁	—	563

（二）R&O 住房模式产生的原因

以往有关家庭住房模式的文献中较少涉及 R&O 这种投资性住房需求与消费性住房需求分离的住房模式。朱晨（2006）、易成栋和黄友琴（2010）对家庭第二住宅的研究中，认为在城市就业的城镇户籍移民和农村户籍移民可能在本地租赁或购买了住宅，同时依然在其流出地拥有住宅。但依据他们对第一住宅的定义，其仍属于家庭的投资性住房需求，第一住宅与第二住宅仅是家庭的投资性住房需求在空间上的分离，并未涉及消费性住房需求。

吴维平和王汉生（2002）利用上海 1999 年、北京 2000 年进行的流动人口居住状况调查，对经济型流动人口（寻求就业机会的农村流动人口）的居住状况进行评估，发现大多数流动人口具有循环流动的特点：外出工作是为了补贴农业收入，因而在城市中对经济资源或社会资源的投资均很少。另外，在上海市的调查访谈中，有多于四分之三的人用在城市打工赚的钱在老家进行住房投资，并希望最终返回家乡生活。林李月和朱宇（2008）则认为两栖状态，即循环流动的状态是流动人口区别于流入地居民的最重要特征，两栖状态下的流动人口在流入地城市没有归属感，因而不愿意在流入地城市进行过多的住房投资，相反可能更愿意回乡建房或者回到家乡的县城购买住房。他们基于一项在福建 6 个城市流动人口居住状况的调查研究，发现流动人口的两栖状态和过客心理比户籍制度和个人特征对流动人口在城镇居住状态的影响更为显著。

Huang 和 Yi（2010）在利用 CGSS 2005 对中国家庭中多套住房现象进行 Logit 分析时涉及 R&O 住房模式。在他们的研究中，家庭住房模式被区分为"仅租赁一套住房"、"仅拥有一套住房"、"租赁一套住房同时拥有其他住房"（类似于本章中的 R&O）以及"拥有多套住房"。之所以会产生 R&O 的住房模式，他们认为与中国转型经济的特征有关：虽然在 1998 年已停止住房实物分配，但是一些单位比如政府部门和高校仍可为其职工提供临时性住房以便于工作，与此同时单位职工也会购买其他住房；另外，户籍制度使外来人口不得不进行"迁移式生活"（Migratory Life）。Coulson 和 Tang（2013）在对家庭的租买选择以及住房投资情况进行研究时关心的问题之一是：家庭选择在居住城市投资住房或是居住城市以外的地方投资住房时受哪些因素影响？基于 2011 年北京、上海、广州、深圳、郑州、福州、天津、重庆、长沙、石家庄等 10 个城市 5106 户家庭调查数据，他们进行了二元选择为在居住城市投资住房或在居住城市以外的地方投资住房的 Probit 回归，发现与本地居民相比，外来人口选择在居住城市以外的地方投资住房的概率要高出 12%。

综上所述，外来人口倾向于 R&O 这种投资性住房需求与消费性住房需求分离的住房模式与其"流动就业"的特征息息相关。在中国现行户籍制度下，与本地居民享受同样的基本公共服务，有定居意愿的外来人口需要承担更高的定居成本。较高的定居成本降低了流入地对外来人口的定居吸引力，外来人口可能仅在其流入地工作并租房居住，同时在其流出地购房并为将来返回家乡做准备，消费性住房需求与投资性住房需求在空间上产生分离。

二　实证分析

（一）描述性统计

表 3-2 为不同户籍状况下家庭各类住房模式占比，其中 Rent 1 为"仅租赁住房"，与第二章的定义保持一致。为简化分析，本章将 Rent 2、Own 1 与 Own 2 住房模式统一定义为 Own，表示拥有房产的家庭，且家庭的投资性住房需求与消费性住房需求在空间上未产生分离。相比之下，选择 R&O 住房模式的家庭，其投资性住房需求与消费性住房需求在空间上产生分离。对比本地居民与外来人口的各类住房模式占比发现，外来人口中选择 R&O 住房模式的家庭有 42.70%，而本地居民中仅有 3.66%。随

着经济发展水平的提升，西部、中部、东部地区的外来人口中选择 R&O 住房模式的家庭越来越多，占比分别为29.79%、30.69%和46.37%。高城镇化程度地区的外来人口中选择 R&O 住房模式的家庭占比为48.75%，远高于低城镇化程度地区和中等城镇化程度地区的30.30%和28.85%。

表3－2　不同户籍状况下家庭各类住房模式占比

单位：%

户籍 \ 住房模式		R&O	Rent 1	Own
本地居民		3.66	7.64	88.70
外来人口		42.70	26.09	31.21
外来人口	西部地区	29.79	14.89	55.32
	中部地区	30.69	22.77	46.53
	东部地区	46.37	27.82	25.81
	低城镇化程度地区	30.30	24.24	45.45
	中等城镇化程度地区	28.85	18.27	52.88
	高城镇化程度地区	48.75	28.34	22.90

（二）实证结果

从前面的简单统计分析可看出，在不考虑其他因素影响时，外来人口更倾向于选择 R&O 住房模式。本小节进一步综合考虑家庭的户籍因素、经济因素以及人口统计特征，利用多元 Probit（Multinomial Probit）回归对家庭住房模式选择进行讨论。本章中各解释变量的定义与第二章相同。其中，表3－3为以住房模式 Rent 1 为基准组，Rent 1、R&O 与 Own 三种住房模式间的多元 Probit 回归结果；为进一步考察家庭的投资性住房需求与消费性住房需求在空间上分离与不分离,即 R&O 与 Own 两种住房模式之间的选择,表 3 - 4 的多元 Probit 回归以住房模式 Own 为基准组。

1. 以 Rent 1 为基准组的租买选择

表 3 - 3 中模型 1 ~ 3 均是以 Rent 1 为基准组,家庭对 R&O 住房模式的选择;模型 4 ~ 6 均是以 Rent 1 为基准组,家庭对 Own 住房模式的选择。模型 1、模型 4 仅考虑户籍因素,模型 2、模型 5 将经济因素包括家庭可支配收入、家庭净资产价值以及房价收入比考虑进去,模型 3、模型 6 进一步将家庭人口统计特征纳入回归。

外来人口更加倾向于选择 R&O 这种投资性住房需求与消费性住房需求在空间上分离的住房模式。模型 1 中,$hukou\_nonlocal$ 的系数估计值为 0.7229,在 1% 的水平下统计显著,与本地居民相比,外来人口更倾向于选择 R&O 住房模式。在控制了经济因素和家庭人口统计特征等的模型 2 和模型 3 中,$hukou\_nonlocal$ 的系数估计值依然在 1% 的水平下统计显著,分别为 0.4951 和 0.5555,这与 Huang 和 Yi(2010)所得出的结论一致。但在模型 4 中,$hukou\_nonlocal$ 的系数估计值为 - 1.9229,在 1% 的水平下统计显著,与本地居民相比,外来人口选择 Own 住房模式的可能性要小,这与第二章得出的相关结论一致。在控制了经济因素和家庭人口统计特征等的模型 5 和模型 6 中,$hukou\_nonlocal$ 的系数估计值依然为负并且在 1% 的水平下统计显著,分别为 - 1.8532 和 - 1.4616。与模型 4、模型 5 和模型 6 站在流入地角度考察外来人口的住房模式不同,模型 1、模型 2 和模型 3 并未特别限定外来人口的投资性住房需求和消费性住房需求均需发生在流入地。另外,在模型 1 ~ 6 中,$hukou\_agriculture$ 的系数估计值均为正,并且在 1% 的水平下统计显著。这与农村地区自建房的成本要低于购买商品房有关，农户家庭因而普遍倾向于选择拥有房产。

表 3 - 3 以 Rent 1 为基准组的多元 Probit 回归

	R&O			Own		
	模型 1	模型 2	模型 3	模型 4	模型 5	模型 6
hukou_nonlocal	0.7229***	0.4951***	0.5555***	-1.9229***	-1.8532***	-1.4616***
	(8.1851)	(3.7508)	(3.8625)	(-21.9381)	(-14.7601)	(-10.9189)
hukou_agriculture	0.5018***	0.5560***	0.4853***	0.6081***	0.6180***	0.5269***
	(6.7643)	(5.0720)	(3.7547)	(10.7852)	(7.6936)	(5.5852)
$\log$ (*income*)		0.1317***	0.1262***		0.0545**	0.0462*
		(3.5794)	(3.3682)		(2.0356)	(1.6638)
$\log$ (*wealth*)		0.1759***	0.1638***		0.1917***	0.1980***
		(5.9545)	(5.2033)		(8.9721)	(8.5386)
$\log$ (*piratio*)		-0.0181	0.1109		-0.5680***	-0.3773**
		(-0.0901)	(0.5325)		(-3.6430)	(-2.3333)
age			0.0351*			0.0828***
			(1.6710)			(5.3280)
age^2			-0.0003*			-0.0006***
			(-1.6919)			(-4.1330)
hsize			0.0891*			0.2724***
			(1.8174)			(6.8308)
female			-0.1051			-0.0634
			(-0.9441)			(-0.7761)
educationlevel = 2			0.0767			0.0039
			(0.3028)			(0.0245)
educationlevel = 3			0.1982			0.0142
			(0.7978)			(0.0905)
educationlevel = 4			-0.1283			-0.0500
			(-0.4113)			(-0.2429)
maritalstatus			-0.2350			0.1192
			(-1.0721)			(0.6358)

	R&O			Own		
	模型 1	模型 2	模型 3	模型 4	模型 5	模型 6
politicalaffiliation			0.1552 (1.0572)			0.2592** (2.3412)
_cons	−0.6427*** (−11.6297)	−0.9379 (−1.4853)	−2.2407** (−2.5258)	1.6891*** (44.3299)	3.2147*** (6.6214)	−0.8035 (−1.1981)
N	8291	4634	4629	8291	4634	4629

注:括号内为 t 值,*、**、*** 分别代表在 10%、5%、1% 的水平下显著。

无论是投资性住房需求与消费性住房需求在空间上分离的住房模式 R&O,还是投资性住房需求与消费性住房需求在空间上未产生分离的住房模式 Own,随着可支配收入、净资产价值的提升,家庭更加倾向于选择拥有房产。在模型 2、模型 3 有关 R&O 的选择中,log(*income*) 的系数估计值均为正,分别为 0.1317 和 0.1262,并且均在 1% 的水平下统计显著;log(*wealth*) 的系数估计值也均为正,分别为 0.1759 和 0.1638,并且均在 1% 的水平下统计显著。这与 Huang 和 Yi(2010)所得出的结论相近。在模型 5、模型 6 有关 Own 的选择中,log(*income*) 的系数估计值均为正,分别为 0.0545 和 0.0462,分别在 5% 和 10% 的水平下统计显著;log(*wealth*) 的系数估计值也均为正,分别为 0.1917 和 0.1980,并且均在 1% 的水平下统计显著。

房价收入比越高的地区,家庭更倾向于选择租房。在模型 2、模型 3 中,房价收入比 log(*piratio*) 的系数估计值分别为 −0.0181 和 0.1109,但在统计上均不显著;而在模型 5、模型 6 中房价收入比 log(*piratio*) 的系数估计值分别为 −0.5680 和 −0.3773,却分别在 1% 和 5% 的水平下统计显著。房价收入比可以对买房和租房的相对成本进行衡量,房价收入比更高的地区，相对于租房来说，买房的成本更高，家庭应当更倾向于选择租房。但模型 2、模型 3 中，房价收入比的影响在统计上并不显著，而模型 5、模型 6 中房价收入比的负向影响却在统计上显著。这可能与选择 R&O 住房模式的家庭多为外来人口有关，外来人口呈现"流动就业"的特征，投资性住房需求在其流出地发生而消费性住房需求在其流入地发生。因而，外来人口对于流入地房价收入比并不敏感。

家庭人口统计特征中，户主年龄对家庭拥有房产的影响呈"倒 U"形，家庭选择 R&O 这种投资性住房需求与消费性住房需求在空间上分离的住房模式的可能性在 50.7 岁左右达到最大，而选择 Own 住房模式的可能性在 67.6 岁左右达到最大；随着家庭规模的增大，家庭选择拥有房产的可能性上升。在模型 3 与模型 6 中，年龄 age 的系数估计值均显著为正，并且分别在 10% 和 1% 的水平下统计显著，年龄的平方 age^2 的系数估计值均为负。模型 3 中年龄的影响在 50.7 岁左右达到最大，而模型 6 中年龄的影响却在 67.6 岁左右达到最大。与模型 6 相比，模型 3 中年龄的影响在较低值达到最大，可能与选择 R&O 住房模式的家庭以外来人口为主有关。50 岁通常是"流动就业"的一个临界值，此时外来人口可能已在流入地务工或经商多年，拥有一定的积蓄，并且子女也到了结婚生子的年龄，外来人口返回流出地的概率较高。[①] 模型 3 与模型 6 中家庭规模 $hsize$ 的系数估计值均为正，分别为 0.0891 和 0.2724，并且分别在 10% 和 1% 的水平下统计显著。另外，模型 3 与模型 6 中户主性别 $female$、户主受教

---

① 马红旗和陈仲常（2012）依据第六次人口普查数据总结：中国省际、省内流动人口均以劳动力流动为主，年龄主要集中于 15～48 岁，该年龄段的流动人口分别占省际、省内流动人口的 84% 和 71%。

育水平 *educationlevel* 以及户主婚姻状态 *maritalstatus* 等家庭人口统计特征对家庭是否选择拥有房产的影响在统计上并不显著，这与第二章的结论一致。模型 6 中户主政治身份虚拟变量 *politicalaffiliation* 的系数估计值为 0.2592，并且在 5% 的水平下统计显著，具有政治身份的家庭以 Own 形式拥有房产的可能性比没有政治身份的家庭要大。

2. 家庭对投资性住房需求和消费性住房需求在空间上分离与不分离的选择

为进一步考察家庭在选择拥有房产时是以投资性住房需求与消费性住房需求在空间上相分离的形式还是不分离的形式，表 3 - 4 中以 Own 住房模式为基准组进行多元 Probit 回归。模型 7 ~ 9 均是以 Own 为基准组，家庭对 Rent 1 住房模式的选择；模型 10 ~ 12 均是以 Own 为基准组，家庭对 R&O 住房模式的选择。[①] 另外，模型 8、模型 9、模型 11 与模型 12 将外地户籍虚拟变量与家庭所属地区虚拟变量的交叉项（包括外地户籍虚拟变量与中等城镇化程度地区的交叉项 *nonlocal × urbanization_middle*、外地户籍虚拟变量与高城镇化程度地区的交叉项 *nonlocal × urbanization_high*、外地户籍虚拟变量与中部地区的交叉项 *nonlocal × middle* 以及外地户籍虚拟变量与东部地区的交叉项 *nonlocal × east*）纳入回归。

在进行 R&O 和 Own 的二元选择时，与本地居民相比，外来人口更倾向于选择 R&O 这种投资性住房需求与消费性住房需求

---

① 在以 Own 为基准组进行 Rent 1 住房模式的选择时，回归结果与表 3 - 3 中以 Rent 1 为基准组进行 Own 住房模式的选择的回归结果基本一致，仅是符号相反。因此，在对表 3 - 4 的回归结果进行解释时予以压缩，仅列示出来以便对比。

在空间上分离的住房模式。模型 10 中，*hukou_nonlocal* 的系数估计值为 2.0171，并且在 1% 的水平下统计显著。由于户籍背后居民享受公共服务的不均等，有定居意愿的外来人口在当地进行定居时面临较大的定居成本，在选择拥有房产时更倾向于 R&O 这种投资性住房需求与消费性住房需求在空间上分离的住房模式，此时其投资性住房需求可能是在流出地也就是户籍所在地予以满足的。在控制了外地户籍虚拟变量与家庭所属地区虚拟变量的交叉项以后，外来人口的这一选择倾向也未改变。在模型 11 中，西部地区 *hukou_nonlocal* 的系数估计值为 1.9083，并且在 1% 的水平下统计显著，而中部地区和东部地区 *hukou_nonlocal* 的系数估计值分别为 1.7744 和 2.1325。在模型 12 中，低城镇化程度地区 *hukou_nonlocal* 的系数估计值为 1.8872，并且在 1% 的水平下统计显著，而中等城镇化程度地区和高城镇化程度地区 *hukou_nonlocal* 的系数估计值分别为 1.2212 和 2.3814。另外，农户的家庭在 R&O 与 Own 这两种住房模式的偏好上并无显著差异。模型 10 ~ 12 中，*hukou_agriculture* 的系数估计值虽然均为负，但在统计上并不显著。

与西部地区相比，在中部地区的外来人口更倾向于选择 Own 而非 R&O 住房模式，在东部地区的外来人口更倾向于选择 R&O 而非 Own 住房模式，但中部、东部地区外来人口与西部地区外来人口之间在选择上并无显著差别。由第二章可知，经济发展水平越高的地区，外来人口面临的落户门槛通常越高，其在当地进行定居的成本也越大。在模型 11 中，*nonlocal × middle* 的系数估计值为 -0.1339，但在统计上并不显著；*nonlocal × east* 的系数估计值为 0.2242，同样也在统计上并不显著。在以地区经济发展水平作为定居成本的代理变量时，中部和东部地区外来人口并未与西部地区外来人口的选择有显著差异。

与低城镇化程度地区相比，中等城镇化程度地区的外来人口更倾向于选择 Own 而非 R&O 住房模式，高城镇化程度地区的外来人口则更倾向于选择 R&O 这种投资性住房需求与消费性住房需求在空间上分离的住房模式。由第二章可知，在城镇化程度越高的地区，外来人口面临的落户门槛通常也越高，其在当地进行定居的成本也越大。在模型 12 中，$nonlocal \times urbanization\_high$ 的系数估计值为 0.4942，在 1% 的水平下统计显著。与低城镇化程度地区相比，在高城镇化程度地区外来人口面临的落户门槛更高、定居成本更大，因而其更倾向于选择 R&O 这种投资性住房需求与消费性住房需求在空间上分离的住房模式。$nonlocal \times urbanization\_middle$ 的系数估计值为 -0.6660，并且在 10% 的水平下统计显著。与低城镇化程度地区相比，在中等城镇化程度地区外来人口反而更倾向于选择 Own 住房模式。

经济因素中，可支配收入越高、房价收入比越高的家庭，越倾向于选择 R&O 而非 Own 住房模式。模型 10 ~ 12 中，家庭可支配收入 log（$income$）的系数估计值均为正，分别为 0.0800、0.0815 和 0.0788，并且均在 5% 的水平下统计显著。模型 10 ~ 12 中，家庭净资产价值 log（$wealth$）的系数估计值分别为 -0.0342、-0.0339 和 -0.0351，并且均在统计上不显著。房价收入比 log（$piratio$）的系数估计值分别为 0.4882、0.4407 和 0.2620，分别在 1%、5% 的水平下统计显著和统计不显著。房价收入比高的地区，外来人口更倾向于选择 R&O 住房模式，在异地购房以降低购房成本。

家庭人口统计特征中，随着户主年龄的增大、家庭规模的增大以及户主婚姻状态的转变，家庭更倾向于选择 Own 而非 R&O 住房模式。模型 10 ~ 12 中，户主年龄 age 的系数估计值均为负，分别为 -0.0476、-0.0466 和 -0.0478，并且均在 5% 的水平下统计显著，平方项 age^2 的系数估计值则均统计不显著。家庭规模 hsize 的系数估计值均为负，分别为 -0.1833、-0.1821 和 -0.1834，并且均在 1% 的水平下统计显著。户主婚姻状态 maritalstatus 的系数估计值均为负，分别为 -0.3542、-0.3516 和 -0.3478，并且均在 10% 的水平下统计显著。户主年龄、家庭规模以及户主婚姻状态的负向影响，可能是因为家庭在处于生命周期的后程阶段时，更倾向于选择较为稳定的生活方式，进而选择 Own 而非 R&O 住房模式。另外，家庭人口统计特征中，户主性别 female、户主受教育水平 educationlevel 以及户主政治身份 politicalaffiliation 对家庭选择 R&O 还是 Own 住房模式的影响均统计不显著。

表 3-4　以 Own 为基准组的多元 Probit 回归

	Rent 1			R&O		
	模型 7	模型 8	模型 9	模型 10	模型 11	模型 12
hukou_nonlocal	1.4616*** (10.9189)	0.7520 (1.6418)	1.2411*** (4.5599)	2.0171*** (15.2840)	1.9083*** (5.2637)	1.8872*** (7.5060)
hukou_agriculture	-0.5269*** (-5.5852)	-0.5402*** (-5.7088)	-0.5411*** (-5.7130)	-0.0416 (-0.3598)	-0.0478 (-0.4100)	-0.0599 (-0.5155)
nonlocal × middle		0.4198 (0.7938)			-0.1339 (-0.3117)	
nonlocal × east		0.8950* (1.8658)			0.2242 (0.5797)	
nonlocal × urbanization_middle			-0.4481 (-1.1555)			-0.6660* (-1.8035)
nonlocal × urbanization_high			0.5717* (1.7884)			0.4942* (1.6644)

续表

	Rent 1			R&O		
	模型7	模型8	模型9	模型10	模型11	模型12
$\log(income)$	-0.0462* (-1.6638)	-0.0454 (-1.6335)	-0.0464* (-1.6591)	0.0800** (2.4195)	0.0815** (2.4694)	0.0788** (2.3834)
$\log(wealth)$	-0.1980*** (-8.5386)	-0.1981*** (-8.5425)	-0.1980*** (-8.5090)	-0.0342 (-1.2158)	-0.0339 (-1.2052)	-0.0351 (-1.2454)
$\log(piratio)$	0.3773** (2.3333)	0.3002* (1.7743)	0.2269 (1.2965)	0.4882*** (2.6239)	0.4407** (2.2618)	0.2620 (1.2656)
age	-0.0828*** (-5.3280)	-0.0818*** (-5.2435)	-0.0824*** (-5.2904)	-0.0476** (-2.4698)	-0.0466** (-2.4064)	-0.0478** (-2.4753)
age^2	0.0006*** (4.1330)	0.0006*** (4.0714)	0.0006*** (4.1403)	0.0003 (1.4198)	0.0003 (1.3760)	0.0003 (1.4716)
$hsize$	-0.2724*** (-6.8308)	-0.2679*** (-6.7440)	-0.2710*** (-6.7932)	-0.1833*** (-4.5328)	-0.1821*** (-4.4724)	-0.1834*** (-4.4951)
$female$	0.0634 (0.7761)	0.0627 (0.7668)	0.0742 (0.9052)	-0.0417 (-0.4217)	-0.0400 (-0.4049)	-0.0213 (-0.2146)
$educationlevel=2$	-0.0039 (-0.0245)	0.0035 (0.0221)	-0.0004 (-0.0024)	0.0728 (0.3198)	0.0739 (0.3254)	0.0813 (0.3582)
$educationlevel=3$	-0.0142 (-0.0905)	-0.0162 (-0.1036)	-0.0088 (-0.0562)	0.1840 (0.8236)	0.1857 (0.8330)	0.2018 (0.9059)
$educationlevel=4$	0.0500 (0.2429)	0.0372 (0.1807)	0.0534 (0.2601)	-0.0783 (-0.2769)	-0.0824 (-0.2913)	-0.0538 (-0.1902)
$maritalstatus$	-0.1192 (-0.6358)	-0.1096 (-0.5797)	-0.1067 (-0.5596)	-0.3542* (-1.7489)	-0.3516* (-1.7225)	-0.3478* (-1.6752)
$politicalaffiliation$	-0.2592** (-2.3412)	-0.2467** (-2.2227)	-0.2538** (-2.2880)	-0.1041 (-0.8056)	-0.1042 (-0.8051)	-0.0940 (-0.7262)
_cons	0.8035 (1.1981)	0.9931 (1.4528)	1.2207* (1.7471)	-1.4373* (-1.7917)	-1.3279 (-1.6270)	-0.7821 (-0.9262)
N	4629	4629	4629	4629	4629	4629

注：括号内为 t 值，*、**、*** 分别代表在 10%、5%、1% 的水平下显著。

三　本章小结

针对投资性住房需求和消费性住房需求在空间上可能产生分离的情形，本章利用 CHFS 2011 样本中"拥有住房但并不自住反而租赁其他住房"，即 R&O 住房模式的样本家庭与 Rent 1 以及 Own（包括 Rent 2、Own 1 和 Own 2）住房模式的样本家庭进行多元 Probit 回归分析，主要有以下结论。

首先，以 Rent 1 为基准组的多元 Probit 回归表明，外来人口在流入地倾向于租房居住，而从流入地与流出地两地对外来人口的住房模式选择进行综合考察时发现，外来人口倾向于选择 R&O 这种投资性住房需求与消费性住房需求在空间上产生分离的住房模式。房价收入比对于家庭选择 Rent 1 还是 R&O 住房模式的影响统计不显著，这可能与外来人口投资性住房需求与消费性住房需求在空间上分离有关，此时外来人口对于流入地房价收入比并不敏感。户主年龄在 50.7 岁左右时，选择 R&O 住房模式的可能性最大，因为 50 岁可能是"流动就业"的外来人口返回流出地的一个年龄临界值。

其次，以 Own 为基准组的多元 Probit 回归表明，外来人口更倾向于以 R&O 而非 Own 的形式拥有房产，这与外来人口因其户籍身份而在当地面临较大的定居成本有关。另外，与低城镇化程度地区相比，高城镇化程度地区外来人口更倾向于选择 R&O 而非 Own 住房模式。

第四章
外出人口与家庭住房需求

作为一枚硬币的两个侧面，外来人口（流入地的角度）和外出人口（流出地的角度）都包含在流动人口的定义内。由第二章和第三章的分析可知，现行户籍制度下流动人口在流入地进行定居面临较大的定居成本、受到隐性的定居限制，人口流动呈现"流动就业"的特征。在流入地租房居住，而在其流出地拥有住房成为外出工作期间的一种过渡性住房模式。大部分的流动人口终将返回其流出地进行定居，因此本章站在流出地的角度对家庭的住房需求进行讨论。

外出人口在外工作时与其户籍地家庭保持密切联系，汇款成为其重要的经济纽带。本章借助"新迁移经济学"的分析工具对外出人口及其家庭在流出地的住房需求加以分析。在新迁移经济学的视角下，迁移行为是家庭层面最优决策的一个结果，家庭中迁移人员与非迁移人员在一个"隐含的契约安排"（Implicit Contractual Arrangement）下收益共享、成本共担，而"家庭汇款"是非迁移人员从迁移人员处得到的一项重要支持。正是对家庭以及汇款的强调，新迁移经济学是一个对中国流动人口进行分析的合适工具。

一　文献回顾

（一）新迁移经济学

在人口迁移的动因中，收入因素一直占据着重要地位。在

Lewis（1954）的两部门经济中，非资本主义部门（比如农业部门或农村地区）的劳动力供给过剩、边际产品价值为零，而资本主义部门（比如工业部门或城市地区）的工资水平要高于非资本主义部门，两部门间的工资差距成为劳动力从非资本主义部门向资本主义部门持续迁移的动因。非资本主义部门劳动力供给过剩的假设遭到一些学者的怀疑，Ranis 和 Fei（1961）以及 Jorgenson（1966）在新古典框架下对 Lewis（1954）的两部门模型进行改良，假定劳动力市场是完善的，人口迁移对非资本主义部门的工资水平产生向上的推力，而对资本主义部门的工资水平产生向下的压力，劳动力的流动使劳动力市场融为一体。Todaro（1969）则放松新古典框架下劳动力市场完善的假定，强调城市中所存在的高失业率，认为迁移至城市的劳动力既有可能找到工作并赚取高于其在农村的工资，也有可能面临失业，因而城乡之间预期收入的差别成为劳动力迁移的动因。

在新迁移经济学框架下，有关人口迁移的动因主要有以下两点不同：第一，迁移决策的主体不再是迁移个体而是整个家庭，既包含家庭中迁移成员，也包含非迁移成员，家庭成员之间的互动被考虑进来，互动呈现"收益共享、成本共担"，汇款成为其重要的经济纽带；第二，由于市场不完善，特别是保险市场和金融市场的不完善，人口迁移不再仅仅由收入因素推动，也是家庭为了分散收入风险以及克服面临的流动性约束而进行的家庭内部安排（Stark and Bloom，1985；Stark，1991）。

在发展中国家，经济欠发达地区特别是农村地区的保险市场并不完善，家庭无法对其收入风险进行有效分散，为此家庭可能会选派合适的成员迁移至其他地区工作以便分散收入风险，人口迁移成为家庭重要的"自保险"机制。在 Stark 和 Levhari（1982）的框架下，希望通过升级农业生产技术提高家庭收入的农户会面临升级失败所带来的收入冲击，然而由于保险市场的不完善，厌恶风险的农户家庭只能依靠自身力量去分散收入风险，一个方案是选择合适的家庭成员迁往城市进行工作。在此安排下，迁移成员会在非迁移成员的收入面临冲击时汇款以进行经济支持。Chami 等（2005）认为国际移民汇款与国际直接投资之间在资金流向上具有相似之处，但在资金性质上有所不同，国际直接投资与东道国 GDP 增速通常表现出正相关，他们利用 113 个国家 1970～1998 年的面板数据进行实证研究，却发现国际移民汇款与其母国的 GDP 增速呈负相关，这在宏观层面对"家庭汇款"的"自保险"机制进行了验证。Yang 和 Choi（2007）基于菲律宾的家计调查数据发现，具有海外移民成员的家庭，其收入的外生变化与收到汇款的数目呈负相关，这在微观层面上对"家庭汇款"的"自保险"机制进行了验证。Jack 和 Suri（2014）则基于肯尼亚的家计调查数据发现，参与 M-Pesa（移动支付网）的家庭在面临收入冲击时，其人均消费变动较小，而未参与 M-Pesa 的家庭在面临收入冲击时，其人均消费下降较大。这是因为 M-Pesa 方便家庭成员之间汇款的收付，降低了分散收入风险的交易成本，从而会促进家庭成员之间的汇款行为。

在发展中国家，经济欠发达地区金融市场也是不完善的，这使家庭会面临较强的流动性约束，而"家庭汇款"也可以起到放松家庭流动性约束的"自融资"作用。对于农户家庭来说，劳动力外出最直接的影响是降低农业生产中的劳动力投入，致使农业收入减少。但外出劳动力获得的非农收入通常要高于其获得的农业收入，不仅如此，外出人口的家庭汇款还可为受到流动性约束的家庭提供升级农业生产或者运营自雇型企业的资金支持，实现资本对劳动力的替代，生产性投资的增加会从整体上提高家庭收入（Rozelle et al.，1999；Taylor et al.，2003）。

（二）"家庭汇款"的使用去向

基于"家庭汇款"可为生产性投资提供资金支持的观点，不少学者进行了实证研究，考察家庭汇款的使用去向。Zhao（2002）基于 1999 年中国 6 个省份 824 户农户家庭的一个调查数据进行的研究发现，家庭中回流人员对耐用消费品、住房以及生产性资产价值的边际贡献要高于家庭中外出人口以及非迁移人员。Airola（2007）利用墨西哥的家计调查数据，也发现那些获得汇款的家庭会将收入的大部分用于耐用消费品、医疗以及住房。Yang（2008）利用 1997 年亚洲金融危机这一自然实验，对菲律宾的家庭汇款使用去向进行考察。亚洲金融危机时，菲律宾比索对许多国家货币均有不同程度的贬值，家庭获得的汇款收入因而面临一个正的外生冲击。他基于菲律宾劳动力调查 1997 年 7 月至 1998 年 10 月的五次季度数据发现，在这一正的汇款收入冲击下，家庭的人力资本投资更多、生产性投资更多，而家庭的消费支出并未显著增加。Quisumbing 和 McNiven（2010）基于菲律宾布基农省 448 户农户家庭的回顾性纵列数据进行的实证研究发现，汇款收入对家庭的住房、耐用消费品、非土地类资产以及包括教育支出在内的所有消费支出均具有正向影响，但是对放松家庭流动性约束的作用并不明显。Zhu 等（2012）基于中国 2006 年的一项家计调查数据进行的研究发现，家庭对汇款收入的边际储蓄倾向低于其他收入的一半。Zhu 等（2014）基于中国国家统计局 2001~2004 年对 3 省农户的调查数据，将农户家庭收入按其来源分为汇款收入、本地工资收入以及其他收入，发现汇款收入与本地工资收入的边际消费倾向几乎无差别，汇款收入很大程度上被看作永久收入。

人力资本投资是家庭汇款的一项主要使用去向。Acosta

（2006）发现萨尔瓦多（中美洲北部国家）收到汇款的家庭中的孩子比未收到汇款家庭的孩子更可能去上学，并且汇款也可降低儿童与妇女的劳动供给。McKenzie（2006）基于墨西哥1997年包含7000个样本家庭的调查数据，发现有外出人口的家庭，其在儿童健康方面的支出以及儿童入学的时间要高于和早于没有外出人口的家庭。Calero等（2009）发现厄瓜多尔的家庭中，移民汇款确实提高了儿童的入学率并降低了儿童参加工作的概率，而且这些效应对于女孩以及在农村地区的儿童更为显著。Salas（2014）却认为父母外出会对学龄儿童产生两种相反的影响：首先，父母外出使儿童缺少必要的监管而导致学业有所荒废；其次，父母的汇款会保障儿童接受较高质量的教育。他利用秘鲁559个家庭2007～2010年的面板数据，对父母均不在家（儿童缺少必要的监管）这一情形进行必要控制后，发现汇款更可能使家庭有能力送儿童入读教育质量更好的私立学校。

（三）"家庭汇款"与住房投资

Osili（2004）认为外出人口在其家乡进行住房投资时，除出于投资收益方面的考虑之外，还可能是出于家庭成员福利的考虑、与家乡维持联系的考虑以及为家乡做贡献的利他想法，基于尼日利亚的家计调查数据进行的实证研究验证了上述想法。De Brauw和Rozelle（2008）利用2000年河北、辽宁、陕西、浙江、湖北、四川6省60个村庄1199户农户的调查数据，对家庭汇款是否会促进农户家庭的投资活动（主要分为消费性投资和生产性投资）进行实证研究。他们发现，在较富裕地区，家庭汇款可以促进家庭的消费性投资（主要包括住房以及耐用消费品），但对生产性投资（主要包括农业生产设备的购置以及其他非农生产的投资）并无促进作用；而在较贫穷地区，家庭汇款更多地用于消费支出，并未对投资活动有所促进。Adams Jr 和 Cuecuecha（2010）利用危地马拉的家计调查数据，区分未获得汇款、获得国内汇款、获得国际汇款的家庭，发现获得国际汇款的家庭用于食物消费的支出份额要小于未获得汇款的家庭；获得汇款的家庭（包括国际汇款和国内汇款）用于住房和教育的支出份额则要高于未获得汇款的家庭。

（四）中国的研究现状

相比于国际移民而言，中国大规模的人口流动有显著不同。例如，虽然人口流动较为频繁，但人口迁移概率相对较低；全家流动的比重较小，部分成员外出较多（白南生、宋洪远，2002）。胡枫（2010）利用湖北省的调研数据考察农民工汇款对流出地家庭收入不平等的影响，发现外出务工劳动力往往来自经济状况较好的家庭，农民工汇款扩大了农村家庭的收入不平等，家庭人均收入的基尼系数从 0.3551 上升至 0.3774。岳希明和罗楚亮（2010）基于 2008 年中国 9 省的调查数据，以居民消费作为衡量贫困的福利指标，发现劳动力的外出显著地降低了农村贫困程度。阮荣平等（2011）基于人口流动省级面板数据进行的混合 OLS 估计和随机效应估计表明，人口流动在总体上减少了流出地的人力资本积累。罗楚亮（2011）使用江苏、河南、四川和云南 4 省 2000~2004 年农村住户调查数据分析农村居民收入和外出行为对于家庭财产积累的影响，结果表明，家庭的外出决策对于财产积累，特别是金融资产的积累具有重要影响。明娟和曾湘泉（2014）基于华南师范大学 2012 年 1 月在广东省进行的劳动力转移情况专项调查中的 1456 个样本进行研究，发现在家乡投资住房的农民工汇款更加积极，而且汇款额要高于在家乡没有投资住房的农民工。

综上所述，中国有关外出人口对其流出地影响的研究更多地集中在流出地的人力资本、贫困程度等方面，较少考察外出人口对其流出地家庭住房需求所产生的影响。本章有关外出人口的家庭汇款与家庭住房需求的研究填补了这一空白。另外，国外以往针对家庭汇款与住房投资的实证研究更多的是直接考察家庭汇款对流出地家庭的住房投资是否具有促进作用，本章则在新迁移经济学的框架下对家庭汇款通过缓解家庭流动性约束进而促进住房投资的作用进行深入分析。

二　外出人口与流出地家庭住房需求：基于"新迁移经济学"的视角

在外出人口与流出地家庭之间多种形式的互动中，汇款的往来（流出地家庭汇款给外出人口或者外出人口汇款给流出地家庭）仅是其中一种，消费习惯以及投资理念的交流也是重要互动内容，但无疑汇款往来是最为重要的经济互动。以往围绕家庭汇款进行的研究是非常丰富的，既有对家庭汇款心理学动因，即汇款行为是基于利己心理还是利他心理的讨论，也有对家庭成员在整个迁移过程不同阶段中汇款方向，即流出地家庭汇给外出人口或者外出人口汇给流出地家庭的讨论（胡枫等，2008）。① 放置对"利己"还是"利他"的讨论不谈，本节专门就外出人口给流出地的家庭汇款对住房需求的影响进行理论分析。

在对"家庭汇款"进行分析时，一个关键的问题是：作为家庭收入的一部分，与其他收入相比，汇款收入有何不同？不同的研究者对此给出的解答不同。Taylor 和 Mora（2006）认为调查

---

① 在迁移过程初期，外出人口工作尚不稳定时可能会向流出地家庭寻求帮助，家庭中的汇款方向主要是流出地家庭汇款给外出人口。而在迁移过程后期，外出人口工作较为稳定时会汇款给流出地家庭进行支持。

时直接询问受访者汇款收入的支出去向忽略了汇款收入与家庭其他收入之间的可替代性，而汇款收入除了可以通过增加家庭的预算对支出产生直接效应以外，还可能产生其他间接效应。Adams Jr 和 Cuecuecha（2010）将有关汇款收入的观点总结如下：一是认为汇款收入与其他收入无异，不需要特别关注；二是汇款收入更多地用于消费品的支出；三是作为暂时性的收入，汇款收入更多地被用于投资，特别是投资在住房和教育上。他们利用危地马拉 2000 年一项家计调查数据所做的实证研究发现，获得汇款的家庭（包括国际汇款和国内汇款）用于住房和教育的支出份额要高于未获得汇款的家庭，表明在危地马拉的家庭中汇款属于暂时性收入。而 Zhu 等（2014）基于 2001～2004 年江苏、四川、安徽 3 省农户的调查数据，将农户的家庭收入按其来源分为汇款收入、本地工资收入以及其他收入，进一步对比各类收入的边际消费倾向，发现汇款收入与本地工资收入的边际消费倾向几乎无差别，汇款收入很大程度上被看作永久收入。

与 Taylor 和 Mora（2006）的观点类似，本章也将家庭汇款的影响区分为直接效应和间接效应。类似于其他收入，汇款收入的增加直接增加家庭的预算，进而促进住房需求，这是家庭汇款的直接效应。在新迁移经济学的框架下，金融市场不完善使家庭面临流动性约束，这也是家庭选派成员外出的一个重要原因，外出人口的家庭汇款成为缓解家庭流动性约束的"自融资"工具。家庭汇款对流动性约束的缓解作用是其间接效应的一种，也是其不同于其他收入的特点。下面的理论分析主要针对家庭汇款的间接效应展开讨论。

（一）家庭汇款的流动性约束放松功能

类似于第二章中的设定，家庭的效用源于对一般商品 x 和租住住房存量 h_c 的消费（消费性住房需求），其中 h_c 为可用于消费的住房存量。[①] 效用函数为 $U(\cdot) + E[V(\cdot)]$，其中 $U(\cdot)$ 为第一期效用，$E[V(\cdot)]$ 为第二期预期效用。家庭分别通过租房和购房满足消费性住房需求和投资性住房需求。对于消费性住房需求，家庭在第一期对两期内租住的住房存量 h_C 进行决策，在两期内分别支付租金 $R_1 h_C$ 和 $R_2 h_C$，其中 R_1 和 R_2 分别为两期的租金率。对于投资性住房需求，家庭在第一期以价格 P_1 购买 h_I 存量的住房，在第二期末以价格 P_2 卖出 h_I 存量的住房。[②] 家庭在进行住房投资时会面临流动性约束。现有资金不足以支撑消费或投资时，家庭需要向银行等金融中介机构进行借款，但借款申请不被批准或者借款数量不足时家庭就会面临"流动性约束"。[③] 同时，家庭受到流动性约束的强弱也因家庭所处地区以及家庭自身状况的不同而有所差异。

在新迁移经济学框架下，家庭进行生产性投资或住房投资时普遍会受到流动性约束，这一制度背景成为家庭选派合适的成员外出工作的动因之一。具体到住房投资上，城镇居民选择按揭购房时仍需备足首付款，农村居民则几乎不能从银行等金融机构获得住房贷款。当家庭无法从正规或非正规金融渠道（比如亲戚朋友）等外源融资渠道借贷足够数量资金时，选派合适的成员外出

---

① 与第二章中有所不同，本章在消费性住房需求中未考虑单位住房存量的使用率以便简化分析。

② 同样，为简化分析本章在投资性住房需求中仅考虑住房资产在第一期和第二期的价格，不考虑房租收入。另外，本章并未将储蓄纳入模型。在模型中增加储蓄，并不能帮助理解家庭汇款与住房投资的关系，但增加了数学分析的难度。

③ Jappelli（1990）从信贷需求层面考察流动性约束，认为当 $C^* - Y - A(1 + r) > D$ 时，家庭受到流动性约束。其中 C^* 为不受流动性约束时家庭的最优消费，Y 是家庭的收入，A 是家庭的资产，r 为无风险利率，D 为家庭可从正规金融渠道获得的借款。因此，决定家庭是否受到流动性约束有两个因素，一是家庭想要借款的数量，即 $C^* - Y - A(1 + r)$；二是家庭能够从正规金融渠道获得的借款数量 D。

工作成为重要的"自融资"工具。在不少农村地区,"吃饭靠种地、花钱靠打工",外出工作主要是为了子女的教育投资,或者是为子女购房、建房以增强在"婚姻市场"上的竞争力。

家庭的决策由效用最大化问题(4-1)式和两期内预算约束(4-2a)式、(4-2b)式与(4-2c)式构成。(4-1)式中 x_1 与 x_2 分别为第一期和第二期内一般商品的消费,h_c 为家庭租住住房存量。(4-2a)式、(4-2b)式与(4-2c)式为获得汇款收入的家庭两期内的预算约束等式。ϕ 是家庭第一期收入 y_1 中汇款收入占比,$(1-\phi)y_1$ 为第一期收入中非汇款收入,$0 \leqslant \phi \leqslant 1$。维持第一期收入 y_1 不变,ϕ 的增大意味着家庭中外出人口增多,汇款收入增多,但外出人口的增多会导致家庭非汇款收入的降低。借鉴 Rozelle 等(1999)与 Taylor 等(2003)对家庭汇款放松农户家庭在升级生产技术时所面临的流动性约束的讨论,本节假定第一期收入中仅有汇款收入可用于住房投资,家庭汇款发挥自融资功能。[①] 家

[①] 在 Rozelle 等(1999)的分析中,家庭拥有总量为 $\overline{T}$ 的资源,包括土地以及劳动力,并且可在高产出技术 $Q_1 = f_1(T_1, Z)$ 与低产出技术 $Q_0 = f_0(\overline{T} - T_1, Z)$ 之间进行选择。阻碍家庭进行高产出技术选择的是家庭面临的流动性约束,选择高产出技术的一个约束条件是投资高产出技术的沉没成本应当小于外源融资获得的资金,即 $c(T_1) \leqslant K, c'(T_1) > 0$,其中 $c(T_1)$ 为沉没成本函数,而 K 为外源融资资金。NELM 理论直接假设家庭获得的外源融资与"家庭汇款"正向相关,即 $K = \kappa(R, M)$,其中 R 为家庭获得的汇款收入,而 M 为家庭中外出劳动力数目。面临约束的家庭投入高产出技术的资源 $T_1^C = t(K), t_K > 0$。最终,家庭的总产出由两部分构成,即 $Q_1^C = f_1(T_1^C, Z)$ 与 $Q_0^C = f_0(\overline{T} - T_1^C, Z)$。与 Rozelle 等(1999)的研究略有不同,Taylor 等(2003)越过对外源融资的讨论,直接将汇款收入与高产出技术投资连接在一起,即 $T_1^C = t(R, M); \dfrac{dt}{dR} > 0, \dfrac{dt}{dM} < 0$。虽然 NELM 理论中关于"家庭汇款"缓解流动性约束的假设仍有不少争论,但 Lucas(1987)、Taylor(1992),以及 Benjamin 和 Brandt(1998)的文献为此提供了不少实证支持。

庭可选择汇款收入中用于住房投资的比例为 θ, $0 \leqslant \theta \leqslant 1$ 。因此，第一期中用于一般商品消费 x_1 与住房消费 $R_1 h_c$ 的资金主要由非汇款收入 $(1-\phi)y_1$ 与部分汇款收入 $(1-\theta)\phi y_1$ 构成，如（4-2a）式所示。住房投资的资金来源于部分汇款收入。家庭无法以"卖空"的形式进行住房投资，并且由于住房投资以"自融资"的形式进行，所有可用于住房投资的资金以汇款收入为限，如（4-2b）式所示。第二期中用于一般商品消费与住房消费的资金则由第二期收入与出售第一期所投资住房的收入构成，如（4-2c）式所示。

$$\max_{h_c,\theta,h_I}\{U(x_1,h_c) + E[V(x_2,h_c)]\} \qquad (4-1)$$

$$\text{s. t. } x_1 + R_1 h_c = (1-\phi)y_1 + (1-\theta)\phi y_1 \qquad (4-2a)$$

$$P_1 h_I = \theta\phi y_1 \qquad (4-2b)$$

$$x_2 + R_2 h_c = y_2 + P_2 h_I \qquad (4-2c)$$

$$0 \leqslant \theta \leqslant 1 \qquad (4-2d)$$

在面临流动性约束的情形下，家庭关于消费性住房需求决策的一阶条件见（4-3）式，即家庭租住住房存量 h_c 的边际条件。家庭租住住房存量 h_c 获得的边际收益为第一期边际效用 U_2 与第二期预期边际效用 $E[V_2]$ 之和；而边际成本为第一期支付的租金可带来的边际效用 $U_1 R_1$ 与第二期支付的租金可带来的预期边际效用 $E[V_1 R_2]$ 之和。最优租住住房存量 $\bar{h}_c$ 由边际收益 $U_2 + E[V_2]$ 等于边际成本 $U_1 R_1 + E[V_1 R_2]$ 决定。

$$\bar{h}_c:(-R_1)U_1 + U_2 + E[(-R_2)V_1 + V_2] = 0 \qquad (4-3)$$

家庭关于汇款收入中用于投资住房的比例 θ 的决策见一阶条件（4-4a）式与（4-4b）式。边际收益为全部汇款收入投资于住房后在第二期可带来的预期边际效用 $E[(\frac{P_2}{P_1}\phi y_1)V_1]$，边际成本为全部汇款收入在第一期可带来的边际效用 $(\phi y_1)U_1$。（4-4a）式中家庭选择 θ 直至边际收益等于边际成本，此时 $0 < \theta < 1$；而（4-4b）式中边际收益 $E[(\frac{P_2}{P_1}\phi y_1)V_1]$ 要大于边际成本 $(\phi y_1)U_1$，此时 $\theta = 1$。另外，最优住房投资量 $\bar{h}_I$ 由家庭获得的汇款收入 ϕy_1、家庭选择汇款收入中投资于住房的最优比例 $\bar{\theta}$ 以及住房价格 P_1 共同决定，如（4-5）式所示。

$$\bar{\theta}:(-\phi y_1)U_1 + E[(\frac{P_2}{P_1}\phi y_1)V_1] = 0, 0 < \theta < 1 \qquad (4-4a)$$

或者：

$$\bar{\theta}:(-\phi y_1)U_1 + E[(\frac{P_2}{P_1}\phi y_1)V_1] > 0, \theta = 1 \qquad (4-4b)$$

$$\bar{h}_I = \frac{\bar{\theta}\phi y_1}{P_1} \qquad (4-5)$$

家庭在第一期和第二期对一般商品的最优消费 $\bar{x}_1$ 与 $\bar{x}_2$ 分别见（4-6）式和（4-7）式。

$$\bar{x}_1 = y_1 - \bar{\theta}\phi y_1 - R_1\bar{h}_c \qquad (4-6)$$

$$\bar{x}_2 = y_2 + P_2\bar{h}_I - R_2\bar{h}_c \qquad (4-7)$$

（二）不同汇款收入占比情形的讨论

1. $\phi = 1$ 的情形

当家庭第一期收入全部由汇款收入构成时，预算约束变为（4-8a）式、（4-8b）式和（4-8c）式。

$$\text{s. t. } x_1 + R_1 h_c = (1-\theta)y_1 \qquad (4-8a)$$

$$P_1 h_I = \theta y_1 \qquad (4-8b)$$

$$x_2 + R_2 h_C = y_2 + P_2 h_I \qquad (4-8c)$$

$$0 \leqslant \theta \leqslant 1 \qquad (4-8d)$$

$\phi = 1$ 情形下家庭所面临的流动性约束得到最大程度的缓解，家庭有关租住住房存量、汇款收入中用于投资住房的比例、住房投资量、第一期和第二期一般商品消费的决策是流动性约束下的最优选择，如（4-9）式至（4-13）式所示。

$$\bar{h}_C \mid_{\phi=1} \equiv h_C^* \qquad (4-9)$$

$$\bar{\theta} \mid_{\phi=1} \equiv \theta^*, 0 < \theta^* \leqslant 1 \qquad (4-10)$$

$$\bar{h}_I \mid_{\phi=1} = \frac{\theta^* y_1}{P_1} \equiv h_I^* \qquad (4-11)$$

$$\bar{x}_1 \mid_{\phi=1} = y_1 - P_1 h_I^* - R_1 h_C^* \qquad (4-12)$$

$$\bar{x}_2 \mid_{\phi=1} = y_2 + P_2 h_I^* - R_2 h_C^* \qquad (4-13)$$

2. $\phi = 0$ 的情形

面临流动性约束的家庭在无法从外源融资获得资金，同时也未选派合适的家庭成员外出赚取汇款收入时，家庭的住房投资受到限制，此时预算约束如（4-14a）式与（4-14b）式所示。家庭在第一期的收入 y_1 全部用于一般商品消费 x_1 以及租住住房存量 h_C，住房投资为零，如（4-14a）式所示。由于在第一期未能投资住房，家庭在第二期可用于一般商品消费 x_2 和租住住房存量 h_C 的资金仅为第二期收入 y_2，如（4-14b）式所示。

$$\text{s. t. } x_1 + R_1 h_C = y_1 \qquad (4-14a)$$

$$x_2 + R_2 h_C = y_2 \qquad (4-14b)$$

相应的，家庭关于消费性住房需求决策的一阶条件见（4-15）式，即家庭租住住房存量 h_C 的边际条件，与 $\phi = 1$ 情形相同，$\bar{h}_C \mid_{\phi=0} = h_C^*$。

$$\bar{h}_C \mid_{\phi = 0} : (- R_1) U_1 + U_2 + E [(- R_2) V_1 + V_2] = 0 \qquad (4 - 15)$$

在没有汇款收入以缓解流动性约束时,家庭在第一期对一般商品的消费为 $y_1 - R_1 h_C^*$,如 (4 - 16) 式所示,高于 $\phi = 1$ 情形的 $y_1 - P_1 h_I^* - R_1 h_C^*$;而在第二期对一般商品的消费为 $y_2 - R_2 h_C^*$,如 (4 - 17) 式所示,又低于 $\phi = 1$ 情形的 $y_2 + P_2 h_I^* - R_2 h_C^*$。

$$\bar{x}_1 \mid_{\phi = 0} = y_1 - R_1 h_C^* \qquad (4 - 16)$$

$$\bar{x}_2 \mid_{\phi = 0} = y_2 - R_2 h_C^* \qquad (4 - 17)$$

另外,当 $\theta^* \leq \phi < 1$ 时,家庭的汇款收入足以支撑最优住房投资量 h_I^* 所需资金,此时仅需满足 $\bar{\theta} \cdot \phi = \theta^*$ 即可。而当 $0 < \phi < \theta^*$ 时,家庭的汇款收入不足以支撑最优住房投资量 h_I^* 所需资金,此时 $\bar{\theta} = 1$。

综上所述,面临流动性约束的家庭,在外源融资无法满足投资性住房需求时,汇款收入可发挥"自融资"功能。当汇款收入占家庭收入比例在 $0 \leq \phi < \theta^*$ 区间时,面临流动性约束的家庭选择将所有汇款收入进行住房投资,此时 $\bar{\theta} = 1$,如图 4 - 1 所示;并且随着汇款收入占比 ϕ 的逐渐增大,家庭的住房投资量 $\bar{h}_I$ 逐渐由 0 增大至 h_I^*,如图 4 - 2 所示。当汇款收入占家庭收入比例在 $\theta^* \leq \phi \leq 1$ 区间时,家庭选择汇款收入中进行住房投资的比例为 $\bar{\theta} = \dfrac{\theta^*}{\phi}$,如图 4 - 1 所示;并且无论汇款收入占比 ϕ 为多少,家庭的住房投资量 $\bar{h}_I$ 均维持在 h_I^*,如图 4 - 2 所示。据此,有下述假设。

除增强预算的直接效应以外,外出人口的家庭汇款可通过缓解流出地家庭所面临的流动性约束这一间接效应进而促进住房投资。当汇款收入占家庭收入比例较小、家庭面临的流动性约束仍然较强时,随着汇款收入占比的增大,家庭的住房投资逐渐增

大；而当汇款收入占家庭收入比例较大、家庭面临的流动性约束
得到足够程度的缓解时，家庭收入中汇款收入占比的增大不能再
促进流出地家庭的住房投资。

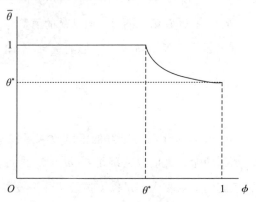

图 4 - 1　汇款收入占比与住房投资占比

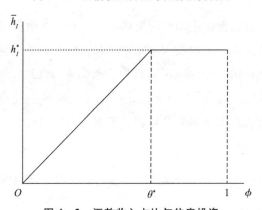

图 4 - 2　汇款收入占比与住房投资

三　模型与变量定义

（一）数据来源

在众多有关流动人口的调查数据中，站在常住地（也就是

流入地）的角度对外来人口进行的调查占大多数，而站在流出地角度对家庭成员外出情况以及汇款情况进行详细调查的数据较少。本章所采用的微观数据主要来源于"中国综合社会调查"CGSS 2010。[①]

在 CGSS 2010 中家庭 2009 年的收入来源包含"农、林、牧、渔业收入"、"非职业收入（不包括流动人口外出的收入）"、"非农兼营收入（包括农村副业）"、"流动人口外出带来的收入"、"离退休人员收入"、"财产性收入（包括存款利息，投资红利，股票、基金、债券等金融收入，出租房屋收入等）"、"政府转移性收入"、"赠与或遗产性收入"、"出售财产收入"、"出租或转包土地收入"以及"其他收入"。其中，"流动人口外出带来的收入"可以作为"家庭汇款"的代理变量，但相应的调查项目在 CGSS 其他年份的调查以及其他全国性家庭调查数据中较为缺乏。[②] 这也是本章选择 CGSS 2010 而未继续使用 CHFS 2011 进行有关外出人口的住房需求研究的原因之一。

（二）模型与变量定义

本章所采用的回归模型如（4 - 18）式所示。其中，$\log(exp\_house)$ 为住房支出，$\log(income)$ 为家庭收入，而 $ratio\_inc\_mo$ 为汇款收入占家庭收入的比例。Taylor 和 Mora（2006）

① "中国综合社会调查"是一个全国性、综合性、连续性的大型社会调查项目。从 2003 年至 2008 年完成了调查项目的第一期，从 2010 年起，CGSS 开始了调查项目的第二期，每两年调查一次并形成面板数据（第一期未能形成面板数据）。CGSS 2010 覆盖了中国大陆所有省级行政单位，包括 100 个县（区）外加北京、上海、天津、广州、深圳 5 个大城市总共 11783 户家庭。

② McKenzie 和 Sasin（2007）认为类似于本章研究内容所需要的调查数据，最低要求是调查中应当包含家庭是否有外出人口的信息，而包含"家庭汇款"数目的信息更好但并不是必要的。

中国流动人口对住房市场的影响

认为对汇款收入进行实证研究时适当的方法是同时将汇款收入和总收入放进回归模型，这样在总收入不变的情况下可以进一步考察汇款收入对家庭支出的间接效应。本章以汇款收入占比 ratio_inc_mo 对汇款收入的间接效应进行考察，这一间接效应是汇款收入的"自融资"功能对家庭面临的流动性约束的放松得以实现的。在控制住 log（income）以后，ratio_inc_mo 的系数 β_2 的估计值可以反映出家庭汇款对住房支出的间接效应。X 为其他控制变量，主要为家庭人口统计特征。鉴于 CGSS 2010 中，家庭 2009 年住房支出有众多 0 值，本章主要采用 Tobit 估计进行实证研究。

$$\log(exp\_house)_i = \alpha_i + \beta_1 \log(income)_i + \beta_2 ratio\_inc\_mo_i + X_i + \varepsilon_i$$

$$(4-18)$$

1. 住房支出

在 CGSS 2010 中，家庭 2009 年住房支出下设两个子项目，即"居住支出（房屋维修、水电、煤气等）"与"购房、建房、租房（含装修）支出"。本章采用"购房、建房、租房（含装修）支出" exp_house 对家庭住房需求进行反映。由于 CGSS 2010 未能将购房、建房支出与租房（含装修）支出进行区分，本章有关家庭住房需求的实证研究不再对住房投资支出和住房消费支出进行区分。[1]

2. 家庭收入与汇款收入占比

家庭收入 income 为全家 2009 年全年的总收入，流动人口带来的收入为 inc_mo，本章以流动人口带来的收入占家庭收入比例，即 ratio_inc_mo = inc_mo/income 作为家庭汇款收入占比的代

---

[1] 回归分析中，对住房支出与收入等变量均采取 log 形式，对包含众多 0 值的变量取 log 形式时，本章以 log（x+1）形式对其进行处理。

理变量。

3. 家庭人口统计特征

本章考虑的家庭人口统计特征主要有户主年龄 *age*、户主婚姻状态类别变量 *maritalstatus*、家庭子女个数 *nchild*、户主受教育水平类别变量 *educationlevel*、户主政治身份虚拟变量 *politicalaffiliation* 以及户主是否为本地户籍的虚拟变量 *hukou_nonlocal*。其中，*maritalstatus* = 0 时户主未婚或同居，*maritalstatus* = 1 时户主已婚、分居未离婚或丧偶，*maritalstatus* = 2 时户主离婚；*educationlevel* = 1 时户主没有接受过任何教育，*educationlevel* = 2 时户主接受过私塾或小学等初等教育，*educationlevel* = 3 时户主接受过初中、职业高中、普通高中、中专或技校的中等教育，*educationlevel* = 4 时户主接受过大学专科（成人高等教育或普通高等教育）、大学本科（成人高等教育或普通高等教育）或研究生及以上的高等教育；*politicalaffiliation* = 1 时户主是中共党员、民主党派或共青团员，*politicalaffiliation* = 0 时户主为群众；*hukou_nonlocal* = 1 时户主目前的户口登记地在本区、县、县级市以外，*hukou_nonlocal* = 0 时户主目前的户口登记地在本乡（镇、街道）或本县（市、区）其他乡（镇、街道）。

（三）内生性考虑

1. 内生性问题的来源

在家庭决策中，诸如迁移、汇款、劳动力供给、支出选择等决策可能是同时进行的，因此有些对家庭迁移或者汇款决策产生影响的因素，同时也会对家庭的支出行为产生影响，特别是这些因素（比如家庭成员的能力或者风险偏好）不可观测、无法加以控制时，由"第三方因素"导致的内生性问题随之而来。另外，明娟和曾湘泉（2014）发现进行住房投资的农民工汇款更加积极，汇款额高于没有进行住房投资的农民工，此时也会因双向因果关系而产生内生性问题。

2. 内生性问题的经典解决办法

在应对内生性问题时，工具变量的选择通常受所研究问题以及可获得数据的影响而各不相同，但有关迁移网络或迁移历史（Migration Network and History）的变量多用作移民问题研究的工具变量。若样本家庭所处的社区（地区）现在或历史上有较多的外出人口，这些外出人口在流入地交织形成的"社会网络"会降低后续流动人口的迁移成本，带动家乡的劳动力外出。Acosta（2006）在利用萨尔瓦多 111 个村 11953 户家庭的家计调查数据时，针对家庭汇款收入可能引起的内生性问题，采用社区层面上的迁移网络，即村中具有外出人口的家庭的占比（Village Networks，Percentage of Household with Migrants）以及家庭中回流人员个数（Number of Return Migrants）作为工具变量。Salas（2014）利用秘鲁 559 个家庭 2007～2010 年的面板数据进行实证研究时，针对家庭汇款收入可能引起的内生性问题，采用秘鲁 1995～2005 年部门级（Department Level）历史迁移率（永久迁出人口占比）作为工具变量。但 Calero 等（2009）认为历史迁移率以及现存迁移网络更适合用来应对家庭成员是否迁移的内生性问题，而对汇款数目的内生性问题可能帮助不大。他们针对汇款数目采用的工具变量是家庭所在地区西联汇款代理行（Western Union Bank Offices）数目，代理行越多，进行汇款的交易成本越低，汇款的数目可能越大。

另外，对自然实验的合理利用也有利于应对内生性问题。1997 年亚洲金融危机时菲律宾比索对许多国家货币均有不同程度的贬值，Yang（2008）认为，此时家庭获得的汇款收入面临一个正的外生冲击，这一自然实验可以用来应对汇款收入的内生性问题。

3. 本章内生性问题的应对办法

本章采用家庭所处社区（地区）的历史迁移率作为汇款收入的工具变量。历史迁移率则由家庭所在省份 2000 年户籍人口中外出至外省人口占比进行反映。在《中国 2000 年人口普查资料》中户籍人口由"常住本地人口"、"户口待定人口"、"在国外工作或学习人口"、"外出半年以上人口"以及"全户外出人口"构成；外来人口按其户口登记地状况则由"本县（市）"、"本市市区"、"本省其他县（市）、市区"以及"省外"①人口构成。由于外来人口中户籍登记地在"本县（市）"、"本市市区"或"本省其他县（市）、市区"的人口属于省内流动人口，本章通过户籍人口中"外出半年以上人口"与"全户外出人口"之和并剔除省内流动人口后对家庭所在省份 2000 年户籍人口中外出至外省人口进行估算，进一步得到各省 $ratio\_waichu\_waisheng$ 的估算值。有关各省 2000 年户籍人口中外出至外省人口占比 $ratio\_waichu\_waisheng$ 的情况见表 4-1。

表 4-1　2000 年各省外出至外省人口占比估算值

单位：%

省份	外出至外省人口占比	省份	外出至外省人口占比	省份	外出至外省人口占比
北京市	0.6434551	浙江省	6.750523	海南省	3.304821
天津市	0.8237535	安徽省	6.180496	重庆市	2.624202
河北省	0.1418825	福建省	2.808241	四川省	2.721084
山西省	0.1789505	江西省	4.860764	贵州省	6.078883

---

① 书中的省指省份，为方便表述，部分地方简称为省。

省份	外出至外省人口占比	省份	外出至外省人口占比	省份	外出至外省人口占比
内蒙古自治区	2.952888	山东省	0.5809041	云南省	-0.3825669
辽宁省	1.065814	河南省	4.558336	西藏自治区	-0.6266802
吉林省	-1.839428	湖北省	0.520452	陕西省	2.792906
黑龙江省	5.226369	湖南省	3.858387	甘肃省	2.571156
上海市	0.069561	广东省	6.939338	青海省	2.609751
江苏省	-0.1407287	广西壮族自治区	8.308505	宁夏回族自治区	2.998179
				新疆维吾尔自治区	-2.904584

（四）对流动性约束的衡量

由前面理论分析可知，家庭面临的流动性约束强弱不同时，家庭收入中汇款收入比例提升对住房投资的影响有所差异。当家庭面临的流动性约束仍然较强时，随着汇款收入占比的增大，家庭的住房投资逐渐增大；而家庭面临的流动性约束得到足够程度的缓解时，家庭收入中汇款收入占比的增大不能再促进流出地家庭的住房投资。对"流动性约束"概念的描述是简易的，但在实证研究中对流动性约束的衡量是较为困难的。Engelhardt（1996）认为由于流动性约束是一个一般性的概念并且难以被观测，以往实证文献中对家庭所受流动性约束的衡量不仅形式各异，而且也较为间接，如假设财富较多的家庭受到的流动性约束较弱，而财富较少的家庭受到的流动性约束较强。

Evans 和 Jovanovic（1989）以初始资产（Initial Asset）作为流动性约束的代理变量研究其与创业率的关系。Holtz-Eakin 等（1994）用遗产变量（是否获得遗产和遗产数量）作为代理变量来衡量流动性约束对创业决策的影响。Buera（2009）以财富水平作为流动性约束的代理变量，考察在流动性约束条件下职业选择的动态情形。程郁和罗丹（2009）利用"到信用社的距离"与"是不是信用社社员"作为工具变量来解决信贷约束与创业选择之间的内生性问题。高梦滔等（2008）在研究流动性约束、持久收入与农户消费时，对流动性约束的操作性定义是非人力资本财富与2个月的平均家庭纯收入之比，比值大于1定义为未面临流动性约束，比值等于或小于1定义为面临流动性约束。李涛等（2010）基于2007年中国15个城市居民投资行为调查数据发现，家庭资产的增加和社会互动程度的提高都可以降低居民受到金融排斥的可能性。刘杰和郑风田（2011）在研究流动性约束对农户创业选择行为的影响时，采用三个维度的变量对家庭流动性约束进行衡量：一是家庭是否从正规金融部门或者非正规金融部门借款但未借到；二是拥有的房产价值，作为抵押物房产通常可放松流动性约束；三是以"朋友数目"反映的社会资本变量。

借鉴上述文献中对流动性约束的衡量办法，本章以家庭经济状况、家庭阶层等级以及是农村居民还是城镇居民对家庭所受流动性约束的强弱进行衡量。家庭经济状况由 CGSS 2010 问卷中问题"您家的家庭经济状况在当地属于哪一档？（选项为远低于平均水平、低于平均水平、平均水平、高于平均水平、远高于平均水平）"进行反映（见图4-3a），经济状况较好的家庭，其家庭收入以及财富水平较高，通常受到的流动性约束会较小。家庭阶层等级则由问卷中有关阶层认同的问题"在我们的社会里，有些群体居于顶层，有些群体则处于底层。图中 10 分代表最顶层，1 分代表最底层。您认为您自己目前在哪个等级上？"进行反映（见图 4 - 3b），所处阶层等级较高的家庭，其社会资本较为丰富，通常受到的流动性约束也较小。另外，是农村居民还是城镇居民则由调查样本是属于农村样本还是城镇样本来进行区分（见图 4 - 3c），与农村居民相比，城镇居民受到的流动性约束相对较小。

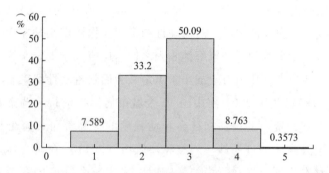

图 4 - 3a 各类经济状况家庭占比

注：经济状况：1 表示远低于平均水平，2 表示低于平均水平，3 表示平均水平，4 表示高于平均水平，5 表示远高于平均水平。

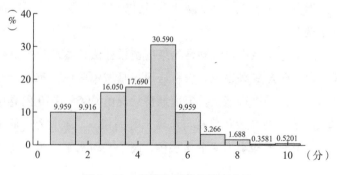

图 4 - 3b 各类阶层等级家庭占比

注：家庭阶层等级认同：1 分表示最底层，…，10 分表示最顶层。

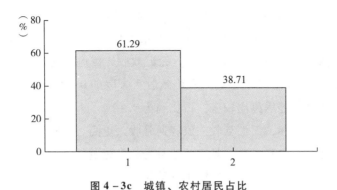

图 4 - 3c　城镇、农村居民占比

注：样本类型：1 表示城镇（居委会/社区），2 表示农村（村委会）。

（五）描述性统计

表 4 - 2 为有关变量的描述性统计（均值）。第 2 列为无汇款收入家庭的描述性统计，而第 3 列为有汇款收入家庭的描述性统计。全样本家庭 2009 年住房支出的均值为 7939 元，无汇款收入家庭住房支出的均值稍高（8170 元），而有汇款收入家庭住房支出的均值稍低（6871 元）。全样本家庭 2009 年收入的均值为 41990 元，无汇款收入家庭的收入均值为 44201 元，高于有汇款收入家庭的 31806 元。这从侧面反映了选派成员外出的家庭，其收入通常要低于无成员外出的家庭。另外，无汇款收入家庭的住房支出高于有汇款收入家庭，可能也是因为其有相对较高的收入。在有汇款收入的家庭中，汇款收入在家庭收入中的占比均值高达 63.18%，外出打工或经商已成为很多家庭收入的重要来源。

从家庭人口统计特征来看，无汇款收入家庭和有汇款收入家庭的户主年龄与婚姻状态差别不大，但是有汇款收入家庭中子女个数均值为 2.130 个，明显要多于无汇款收入家庭的 1.743 个，这与家庭规模越大、劳动力越多，家庭越容易选派成员外出有关。无汇款收入家庭户主的受教育水平均值为 2.713，要稍高于有汇款收入家庭户主的 2.303。无汇款收入家庭户主政治身份的均值为 0.187，要明显高于有汇款收入家庭的 0.0921。另外，整个样本中外地居民比较少，占比约为 9.12%。

综上所述，无汇款收入家庭通常收入更高、家庭子女数目更少、受教育水平更高、具有政治身份的占比更高等，而有汇款收入家庭通常收入更低、家庭子女数目更多、受教育水平更低、不具有政治身份的占比更高等。

表 4-2　变量的描述性统计（均值）

变量	无汇款	有汇款	全样本
exp_house（元）	8170	6871	7939
income（元）	44201	31806	41990
ratio_inc_mo（%）	0	63.18	11.29
age（岁）	46.97	45.39	46.69
maritalstatus	0.935	0.938	0.936
nchild（个）	1.743	2.130	1.811
educationlevel	2.713	2.303	2.641
politicalaffiliation	0.187	0.0921	0.170
hukou_nonlocal	0.0964	0.0669	0.0912
N	8263	1771	10034

四　实证分析

（一）汇款收入对住房支出的促进作用

表 4-3 为家庭汇款对住房支出影响的估计结果。其中，模型

1 为仅考虑家庭收入 $\log(income)$ 与汇款收入占比 $ratio\_inc\_mo$ 时进行的 Tobit 回归；模型 2 则将相关家庭人口统计特征纳入回归。模型 3 与模型 4 以历史迁移率作为工具变量应对 $ratio\_inc\_mo$ 的内生性问题，历史迁移率由家庭所在省份 2000 年户籍人口中外出至外省人口占比 $ratio\_waichu\_waisheng$ 进行反映。模型 3 采用普通的 IVTobit 回归估计，而考虑到 $ratio\_inc\_mo$ 同样具有较多 0 值，模型 4 采用两步估计法 IVTobit 2 进行估计，其第一步估计也是采用 Tobit 估计，$ratio\_inc\_mo\_hat$ 为第一步估计中 $ratio\_inc\_mo$ 的拟合值。

表 4 – 3　家庭汇款对住房支出的促进作用

	log（exp_house）				ratio_inc_mo
	模型 1	模型 2	模型 3	模型 4	模型 5
	Tobit	Tobit	IVTobit	IVTobit 2	Tobit
$\log（income）$	3. 3112***	2. 1804***	0. 9736**	0. 2854	13. 1524***
	(17. 8006)	(9. 9465)	(2. 1597)	(0. 7995)	(8. 0953)
$ratio\_inc\_mo$	0. 0239***	0. 0287***	0. 4605***		
	(3. 5621)	(4. 2488)	(3. 4296)		
$ratio\_inc\_mo\_hat$				0. 1006***	
				(5. 6391)	
age		− 0. 1557*	− 0. 2025**	− 0. 2601***	0. 8646
		(− 1. 9039)	(− 2. 0967)	(− 3. 1931)	(1. 4218)
age^2		0. 0003	0. 0021*	0. 0033***	− 0. 0283***
		(0. 3037)	(1. 8507)	(3. 3678)	(− 4. 5359)
$maritalstatus$					
$maritalstatus = 1$		1. 3588*	2. 4760**	3. 4749***	− 19. 5807***
		(1. 6840)	(2. 3357)	(3. 9863)	(− 2. 8671)
$maritalstatus = 2$		4. 2215***	5. 1820***	7. 2193***	− 30. 2170**
		(3. 0521)	(2. 8890)	(4. 9799)	(− 2. 3142)

	log（exp_house）				ratio_inc_mo
	模型 1	模型 2	模型 3	模型 4	模型 5
	Tobit	Tobit	IVTobit	IVTobit 2	Tobit
nchild		-0.0023 (-0.0103)	-1.3131*** (-2.7426)	-1.6929*** (-4.4538)	16.4001*** (11.1445)
educationlevel					
educationlevel = 2		0.3722 (0.4948)	1.8372* (1.9059)	2.2011*** (2.8222)	-14.7853*** (-3.3104)
educationlevel = 3		0.9919 (1.3351)	5.7995*** (3.3857)	6.6339*** (5.6078)	-50.9245*** (-10.8731)
educationlevel = 4		1.6980* (1.8180)	10.4405*** (3.5680)	15.2228*** (6.1175)	-127.1736*** (-15.6503）
politicalaffiliation		0.5023 (0.9352)	1.1512* (1.7088)	1.4048** (2.5232)	-11.4794** (-2.4115)
hukou_nonlocal		7.4955*** (15.0302)	8.1620*** (10.8123)	8.8961*** (16.5736)	-14.4327*** (-2.6277)
ratio_waichu_waisheng					3.7482*** (6.9307)
_cons	-45.2790*** (-23.3083)	-30.1720*** (-10.8186)	-27.8998*** (-8.3914)	-7.8567* (-1.8337)	-169.2287*** (-8.1318)
sigma	13.0224*** (106.2927)	12.5570*** (94.2068)		12.4668*** (95.8643)	94.6905*** (47.7838)
N	9228	9118	9118	9417	9476

注：括号内为 t 值，*、**、*** 分别代表在 10%、5%、1% 的水平下显著。

收入更高的家庭，其住房支出通常也会更高。在模型 1 中，log(income) 的系数估计值为 3.3112，并且在 1% 的水平下统计显著。家庭收入每增加 1%，住房支出将增加 3.3112%。在模型 2 中，考虑家庭人口统计特征后，log(income) 的系数估计值有所减小，但仍在 1% 的水平下统计显著，家庭收入每增加 1%，住房支出将增加 2.1804%。对于有汇款收入的家庭，$\log(income)$ 的系数估计值同时也可反映"家庭汇款"对住房支出的直接效应，这一直接效应是"家庭汇款"将家庭的预算约束外推而产生的。在模型 3 与模型 4 中，家庭收入对住房支出的影响有所降低，$\log(income)$ 的系数估计值分别为 0.9736 和 0.2854，家庭收入每增加 1%，住房支出分别增加 0.9736% 和 0.2854%。

汇款收入占比越大的家庭，其住房支出也越大，"家庭汇款"对住房支出的间接效应也越大。在模型 1 中，$ratio\_inc\_mo$ 的系数估计值为 0.0239，在 1% 的水平下统计显著。维持家庭收入不变的同时，汇款收入占比每提高 1 个百分点，住房支出将增加 0.0239%，汇款收入表现出异于家庭其他来源收入的特质。即使在控制了家庭人口统计特征后，汇款收入占比越大的家庭，其住房支出也越大。在模型 2 中，$ratio\_inc\_mo$ 的系数估计值为 0.0287，也在 1% 的水平下统计显著。汇款收入占比每提高 1 个百分点，住房支出将增加 0.0287%。模型 3 针对 $ratio\_inc\_mo$ 可能带来的内生性问题，以 $ratio\_waichu\_waisheng$ 为工具变量进行 IVTobit 估计，汇款收入占比的影响有所增强，并且仍在 1% 的水平下统计显著，汇款收入占比每提高 1 个百分点，住房支出将增加 0.4605%。

在 IVTobit 第一步的估计中采用 OLS 进行回归，并未考虑到 $ratio\_inc\_mo$ 具有较多 0 值的情形，因此模型 4 采用两步估计，其中第一步估计也采用 Tobit 估计，第一步估计见模型 5。模型 5 中工具变量"2000 年户籍人口中外出至外省人口占比"$ratio\_waichu\_waisheng$ 的系数估计值为 3.7482，在 1% 的水平下统计显著。2000 年户籍人口中外出至外省人口占比较高的省份，由外出人口形成的迁移社会网络不仅会为家乡其他家庭带来示范效应，也会降低家乡其他家庭的迁移成本，促进人口外出并提高家庭的汇款收入。在模型 4 中，*ratio_ inc_ mo_ hat* 的系数估计值为 0.1006，仍在 1% 的水平下统计显著。汇款收入占比每提高 1 个百分点，住房支出将增加 0.1006%。汇款收入占比对住房支出的促进作用与 Airola（2007）针对墨西哥家庭、Quisumbing 和 McNiven（2010）针对菲律宾家庭以及 De Brauw 和 Rozelle（2008）针对中国农户家庭得出的结果类似，也与本章第三节理论分析的假设相一致。De Brauw 和 Rozelle（2008）实证分析家庭中外出劳动力个数以及回流劳动力个数对家庭各类资产累积的影响，发现较富裕地区（当收入中位数低于中国 2000 年官方贫困线的两倍时定义为贫困地区，其余为较富裕地区）的农户家庭，每多一个外出劳动力，住房与耐用品投资会高出中值（7890元）1427 元。

在家庭人口统计特征中，随着户主年龄的增大，住房支出呈典型的"U"形；已婚、分居未离婚或丧偶家庭和已离婚家庭的住房支出明显高出未婚或同居人员；家庭子女个数较多的家庭，住房支出相对较少；随着户主受教育水平的逐步提高，家庭住房支出也逐步增加；具有政治身份的家庭的住房支出高于无政治身份的家庭；外地居民的住房支出显著高于本地居民的住房支出。模型 2 中，户主年龄 *age* 的系数估计值为负，且在 10% 的水平下统计显著，但户主年龄平方 age^2 的系数估计值在统计上并不显著；考虑内生性问题后，户主年龄平方 age^2 的系数估计值显著为正；在模型 4 中，户主年龄在 39 岁时，家庭住房支出达到最小值，这可能与户主已过了婚育年龄而子女并未到达婚育年龄有关。在模型 2 ~ 4 中，*maritalstatus* = 1 以及 *maritalstatus* = 2 时的系数估计值均为正，并且统计显著，已婚、分居未离婚或丧偶家庭和已离婚家庭的住房支出要高于未婚或同居家庭；模型 4 中，已婚、分居未离婚或丧偶家庭的住房支出要比未婚或同居家庭高出 3.4749%，而已离婚家庭的住房支出要比未婚或同居家庭高出 7.2193%。在模型 2~4 中，家庭子女个数 nchild 的系数估计值均为负，并且模型 3 与模型 4 中的系数均在 1% 的水平下统计显著；在模型 4 中，家庭子女个数每增加 1 个，住房支出降低 1.6929%，这可能与较多的子女引起较多的教育支出有关。在模型 2~4 中，随着户主受教育水平 educationlevel 的逐步提高，家庭住房支出也逐步提高；在模型 4 中，与户主没有接受过任何教育的家庭相比，户主接受过初等教育的家庭住房支出要高出 2.2011%，户主接受过中等教育的家庭住房支出要高出 6.6339%，而户主接受过高等教育的家庭住房支出要高出 15.2228%。在模型 2~4 中，户主具有政治身份虚拟变量 politicalaffiliation 的系数估计值均为正，且在模型 3 与模型 4 中系数估计值统计显著；在模型 4 中，与户主不具有政治身份的家庭相比，户主具有政治身份的家庭的住房支出要高出 1.4048%。在模型 2~4 中，hukou_nonlocal 的系数估计值均为正，并且均在 1% 的水平下统计显著；在模型 4 中，外地家庭的住房支出要比本地家庭高出 8.8961%，这与外地家庭在当地住房市场上缺乏信息以及面临较大的定居成本有关，也与第二章中有关结论相一致。

（二）汇款收入的流动性约束放松效应

表 4-3 中的实证研究通过在回归模型中引入家庭收入 log(income) 与汇款收入占比 ratio_inc_mo，考察汇款收入对家庭住房支出的直接和间接效应。汇款收入的间接效应充分体现了其作为家庭收入的一种来源而有别于其他来源的"特质"。汇款收入为何促进家庭的投资行为？不同的文献站在不同的角度进行解答。一是认为汇款收入为暂时性收入，二是认为汇款收入所具

有的放松流动性约束的功能，如本章第三节理论部分所做的分析。Adams Jr（1998）认为家庭的汇款收入属于暂时性收入，在其有关巴基斯坦家庭汇款收入与资产积累的文献中，汇款收入的边际投资倾向被假定接近于 1，远大于永久收入的边际投资倾向。[1] 但对中国来说，巨量流动人口已表明外出务工或经商成为许多家庭，特别是农户家庭的常规生活、工作方式，不适宜将汇款收入作为家庭的暂时性收入进行考察。[2] 因此，本小节继续沿着放松流动性约束的思路进行后续的实证研究。

鉴于家庭是否受到流动性约束以及所受流动性约束程度难以衡量，本章通过选用不同指标对家庭所受流动性约束进行衡量，包括家庭经济状况、家庭阶层等级以及是农村居民还是城镇居民等，并在此基础上考察不同程度流动性约束下，汇款收入占比对家庭住房支出的影响。

1. 以家庭经济状况衡量流动性约束

表 4-4 的回归结果以家庭经济状况进行分组，模型 6 为低经济水平家庭的两步 Tobit 回归，低经济水平家庭包含"远低于平均水平"以及"低于平均水平"的 3930 个样本家庭，模型 7 对应的中等经济水平家庭包含"平均水平"的 4649 个样本家庭，模型 8 对应的高经济水平家庭包含"高于平均水平"以及"远

---

[1] Bhalla（1980）与 Paxson（1992）分别基于印度和泰国的家计调查数据进行消费函数、储蓄函数的估计，均认为暂时性收入（Transitory Income）的边际投资倾向要高于永久收入（Permanent Income）。如公式 $S = Y - C = Y_P + Y_T - C_P - C_T = (1-k)Y_P + Y_T - C_T$ 所示，其中 $C_P = kY_P$，k 独立于 Y_P，由利率、家庭偏好等因素外生决定。

[2] 李强等（2008）总结到"在 2005 年农村外出务工的劳动力有 1.265 亿人，外出劳动力每年从输出地寄回、带回的资金超过 2000 亿元，农民工汇款至少已经超过财政总投入的 50%"。本章使用的数据 CGSS 2010 中，有汇款收入家庭的汇款收入占比已达到 63.18%。

高于平均水平"的 830 个样本家庭。

在表 4 - 4 的模型 6 中，低经济水平家庭的收入 log（income）对住房支出有负向影响，但在统计上并不显著；而模型 7 与模型 8 中，中等经济水平与高经济水平家庭的收入对住房支出有正向影响，但在统计上也不显著。这可能与住房支出 log（exp_house）中既包含购房、建房支出也包含租房支出有关，而且购房、建房支出与家庭汇款的获得可能并不在同一年份。[①]

表 4 - 4 以家庭经济状况进行分组

	log（exp_house）		
	模型 6	模型 7	模型 8
	低	中等	高
log（income）	- 0. 4155 （ - 0. 7646）	0. 8877 （1. 5531）	1. 6199 （1. 4444）
ratio_inc_mo_hat	0. 1538*** （5. 8843）	0. 0669** （2. 5546）	0. 0668 （1. 0962）
age	- 0. 3036** （ - 2. 5489）	- 0. 1988* （ - 1. 6539）	- 0. 3301 （ - 1. 2220）
age^2	0. 0051*** （3. 5998）	0. 0017 （1. 1184）	0. 0040 （1. 2369）
maritalstatus			
maritalstatus = 1	6. 0560*** （4. 7828）	2. 4750* （1. 8882）	- 0. 7074 （ - 0. 2617）
maritalstatus = 2	10. 6438*** （5. 5500）	3. 8918 （1. 5798）	6. 5936 （1. 3927）

---

① 比如，收入较高的家庭其购房、建房支出可能发生在样本期以外，而收入较低的家庭其购房、建房支出可能发生在样本期，此时家庭收入与住房支出之间就会表现为负向关系。

续表

	log（exp_house）		
	模型 6	模型 7	模型 8
	低	中等	高
nchild	− 3.0916*** （− 5.6510）	− 0.6420 （− 1.1431）	− 1.0638 （− 0.7736）
educationlevel			
educationlevel = 2	3.8648*** （3.6593）	0.9078 （0.7679）	− 0.9928 （− 0.2741）
educationlevel = 3	10.2733*** （6.1143）	3.8166** （2.1737）	4.0358 （0.8934）
educationlevel = 4	23.3615*** （6.4564）	9.4354** （2.5762）	11.6843 （1.3546）
politicalaffiliation	3.0596*** （3.4669）	1.4399* （1.8082）	− 2.3119 （− 1.5026）
hukou_nonlocal	9.2831*** （11.5714）	8.3696*** （10.4016）	8.7876*** （5.0364）
_cons	− 0.2675 （− 0.0424）	− 14.9998** （− 2.2082）	− 19.0532 （− 1.3589）
sigma	11.6766*** （59.0720）	12.9539*** （69.5461）	12.6230*** （27.5366）
N	3930	4649	830

注：括号内为 t 值，*、**、*** 分别代表在 10%、5%、1% 的水平下显著。

随着家庭经济状况的改善、流动性约束的逐渐放松，汇款收入占比对住房支出的促进作用逐渐减弱。低经济水平家庭中汇款收入占比对住房支出的促进作用要强于中等经济水平家庭；而高经济水平家庭中汇款收入占比对住房支出的促进作用在统计上并不显著。在低经济水平家庭的模型 6 与中等经济水平家庭的模型 7 中，汇款收入占比 *ratio_inc_mo_hat* 的系数估计值分别在 1% 和

5%的水平下统计显著，并且模型 6 的系数估计值（0.1538）要大于模型 7 的系数估计值（0.0669）。在高经济水平家庭的模型 8 中，汇款收入占比 $ratio\_inc\_mo\_hat$ 的系数估计值虽然为正，却在统计上并不显著。金融市场不完善时，家庭受到的流动性约束可能随着家庭经济状况的恶化而逐渐增强，由于汇款收入具有"自融资"功能，家庭收入中汇款收入占比的提高可以放松其面临的流动性约束，以进行更多的住房支出。对于高经济水平的家庭来说，由于其受到的流动性约束较小，不再需要依靠汇款收入缓解流动性约束，汇款收入占比的提高并不会明显促进其住房支出的提升。

表 4 - 4 中家庭人口统计特征对住房支出的影响与表 4 - 3 中类似，即随着户主年龄的增大，住房支出呈典型的"U"形；已婚、分居未离婚或丧偶家庭和已离婚家庭的住房支出高于未婚或同居家庭；子女个数较多的家庭，住房支出相对较少；随着户主受教育水平的逐步提高，家庭住房支出也逐步增加；具有政治身份的家庭的住房支出高于无政治身份的家庭；外来人口的住房支出显著高于本地居民的住房支出。

2. 以家庭阶层等级衡量流动性约束

表 4 - 5 的回归结果以家庭阶层等级进行分组，模型 9 为最低阶层等级家庭的两步 Tobit 回归，最低阶层等级包括 CGSS 2010 中有关阶层认同问题的第 1、2 组样本共 1880 个家庭，模型 10 对应的较低阶层等级包含第 3、4 组样本共 3196 个家庭，模型 11 对应的较高阶层等级包含第 5 组样本共 3777 个家庭，模型 12 对应的最高阶层等级包括第 6 ~ 10 组样本共 530 个家庭。

随着家庭阶层等级的提高以及流动性约束的逐渐放松，汇款收入占比对住房支出的促进作用先增强后减弱。处于较低阶层等级的家庭，其汇款收入占比对住房支出的促进作用要强于处于最低阶层等级和较高阶层等级的家庭；而处于最高阶层等级的家庭，其汇款收入占比对住房支出的促进作用在统计上并不显著。表4-5中，处于最低阶层等级家庭的模型9、处于较低阶层等级家庭的模型10与处于较高阶层等级家庭的模型11中汇款收入占比 $ratio\_inc\_mo\_hat$ 的系数估计值分别为 0.0779、0.1509 和 0.0702，并且分别在5%、1%和5%的水平下统计显著。处于最低阶层等级的家庭，其汇款收入占比对住房支出的促进作用小于较低阶层等级的家庭，可能与最低阶层等级的家庭将汇款收入主要运用于衣食等基本需求有关。处于最高阶层等级家庭的模型12中，汇款收入占比 $ratio\_inc\_mo\_hat$ 的系数估计值虽然为正，但在统计上并不显著。金融市场不完善时，家庭受到的流动性约束可能随着家庭阶层等级的降低而逐渐增强，由于汇款收入具有"自融资"功能，家庭收入中汇款收入占比的提高可以缓解其面临的流动性约束，以进行更多的住房支出。处于最高阶层等级的家庭，由于其具有较为丰富的社会资本，受到的流动性约束较小，"家庭汇款"并未表现出"自融资"功能进而对其住房支出产生明显的促进作用。

表4-5　以家庭阶层等级进行分组

	log（exp_house）			
	模型9	模型10	模型11	模型12
	最低	较低	较高	最高
log（$income$）	-0.3801 (-0.5549)	0.3344 (0.6119)	1.6990*** (3.1054)	-0.6962 (-0.6029)
$ratio\_inc\_mo\_hat$	0.0779** (1.9927)	0.1509*** (5.1362)	0.0702** (2.4364)	0.0639 (0.8943)
age	0.0698 (0.3650)	-0.3963*** (-2.9487)	-0.2362* (-1.8378)	-0.5559* (-1.7194)

续表

	log（exp_house）			
	模型 9	模型 10	模型 11	模型 12
	最低	较低	较高	最高
age^2	-0.0005 (-0.2311)	0.0058*** (3.5672)	0.0023 (1.4797)	0.0048 (1.2819)
maritalstatus				
maritalstatus = 1	3.4521* (1.7305)	6.7417*** (4.7164)	0.5663 (0.4141)	7.2614* (1.8030)
maritalstatus = 2	8.6601*** (3.0570)	9.1780*** (3.7480)	3.4833 (1.3507)	13.4024** (2.2721)
nchild	-1.8658** (-2.1650)	-2.8625*** (-4.6096)	-0.5387 (-0.8889)	-0.7421 (-0.4888)
educationlevel				
educationlevel = 2	0.3636 (0.2344)	2.3809* (1.8749)	2.3918* (1.7849)	6.4269* (1.7249)
educationlevel = 3	5.5817** (2.2681)	9.7058*** (5.0573)	3.7848* (1.9520)	6.9474 (1.3504)
educationlevel = 4	14.2376*** (2.6342)	21.1454*** (5.1821)	10.1081** (2.5343)	13.8015 (1.3679)
politicalaffiliation	2.5823* (1.7904)	2.6632*** (2.8353)	0.4056 (0.4813)	-0.9070 (-0.4317)
hukou_nonlocal	8.7659*** (7.1232)	8.5032*** (9.2962)	9.0334*** (11.2572)	7.4655*** (3.1149)
_cons	-8.0628 (-0.9412)	-5.8366 (-0.8729)	-21.8723*** (-3.1917)	4.7230 (0.3246)
sigma	12.0027*** (39.4510)	12.1010*** (56.5006)	12.6519*** (59.8836)	12.5837*** (24.9025)
N	1880	3196	3777	530

注：括号内为 t 值，*、**、*** 分别代表在 10%、5%、1% 的水平下显著。

3. 以是农村居民还是城镇居民衡量流动性约束

表 4 - 6 的回归结果以是农村居民还是城镇居民进行分组，模型 13 为城镇居民的两步 Tobit 回归，而模型 14 为农村居民的两步 Tobit 回归。与城镇居民相比，农村居民受到的流动性约束较强。

农村居民家庭中汇款收入占比对住房支出的促进作用要强于城镇居民家庭。城镇居民家庭的模型 13 与农村居民家庭的模型 14 中汇款收入占比 *ratio_inc_mo_hat* 的系数估计值分别为 0.0736 和 0.1765，且均在 1% 的水平下统计显著。汇款收入占比对农村居民家庭住房支出的促进作用强于城镇居民家庭，这是由农村居民家庭受到的流动性约束更强所致。在现行宅基地以及农房流转制度下，农村居民家庭从银行等正规金融渠道获得购房、建房的信用支持较少，更多的是从亲戚朋友等处借款以及采取自融资的办法，此时家庭汇款成为重要的自融资工具。

表 4 - 6 以是农村居民还是城镇居民进行分组

	log（*exp_house*）	
	模型 13	模型 14
	城镇居民	农村居民
log（*income*）	- 0.1136 （- 0.3056）	0.5599 （0.7221）
ratio_inc_mo_hat	0.0736*** （3.6475）	0.1765*** （4.7132）
age	- 0.3575*** （- 3.8366）	- 0.0221 （- 0.1310）
age^2	0.0036*** （3.1488）	0.0023 （1.1080）

续表

	log（exp_house）	
	模型 13	模型 14
	城镇居民	农村居民
maritalstatus		
maritalstatus = 1	4. 2530***	1. 5222
	（4. 3958）	（0. 7573）
maritalstatus = 2	7. 4672***	3. 2466
	（4. 8087）	（0. 8111）
nchild	− 1. 4186***	− 2. 2102***
	（− 3. 1357）	（− 2. 9567）
educationlevel		
educationlevel = 2	2. 2601**	2. 7865**
	（2. 0540）	（2. 2095）
educationlevel = 3	3. 9709***	10. 5085***
	（2. 7353）	（4. 5860）
educationlevel = 4	10. 3884***	21. 3380***
	（3. 6549）	（3. 6880）
politicalaffiliation	0. 8920	3. 0082**
	（1. 5295）	（2. 0832）
hukou_nonlocal	7. 2365***	13. 4813***
	（12. 7743）	（8. 8977）
_cons	0. 9127	− 17. 4103*
	（0. 1966）	（− 1. 8799）
sigma	11. 6166***	14. 4740***
	（79. 3472）	（55. 1480）
N	5568	3849

注：括号内为 t 值，*、**、*** 分别代表在 10%、5%、1% 的水平下显著。

综上所述，以家庭经济状况、家庭阶层等级以及是农村居民还是城镇居民对家庭所受流动性约束进行衡量时，面临的流动性约束较强的家庭中，家庭汇款对流动性约束放松的间接效应较为明显，对住房支出的促进作用较强；而面临的流动性约束较弱的家庭无须借助家庭汇款以缓解流动性约束，家庭汇款对住房支出的促进作用并不明显。这与本章第三节理论分析的假设是一致的。

五　本章小结

基于"新迁移经济学"的视角，本章对外出人口的"家庭汇款"缓解流出地家庭流动性约束，进而促进住房需求的机制进行理论和实证分析。利用 CGSS 2010 针对汇款收入占比对家庭住房支出的影响进行的实证研究发现以下方面。

首先，家庭收入中汇款收入占比越大的家庭，其住房支出也越大，家庭汇款对住房支出的间接促进效应越大。维持家庭收入不变的同时，汇款收入占比每提高 1 个百分点，家庭住房支出将增加 0.1006%。汇款收入表现出异于家庭其他来源收入的特质。家庭汇款收入对住房需求的影响存在直接效应与间接效应，直接效应是通过将家庭预算约束外推产生的，与家庭其他来源的收入类似；而对流动性约束进行缓解，进而促进住房投资则是汇款收入有别于其他来源收入的一种间接效应。

其次，低经济水平家庭、较低阶层等级家庭以及农村居民家庭中汇款收入占比对住房支出的促进作用要分别强于中等经济水平家庭、最低与较高阶层等级家庭以及城镇居民家庭；而高经济水平家庭、最高阶层等级家庭中汇款收入占比对住房支出的促进作用在统计上并不显著。随着经济状况的改善、阶层等级的提升以及作为城镇居民，家庭受到的流动性约束渐渐减弱。当家庭面临的流动性约束较强时，家庭汇款作为重要的自融资工具可以缓解流动性约束，随着汇款收入占比的增大，家庭的住房投资逐渐增大；而当家庭面临的流动性约束较弱时，其无须借助家庭汇款以缓解流动性约束，汇款收入占比的增大不再促进流出地家庭的住房投资。

鉴于家庭汇款可充当自融资工具、缓解家庭面临的流动性约束，如何促进家庭汇款更多地运用于生产性投资，成为一个重要的问题。有必要建立一个吸引外出人口更多地向家庭汇款，以及鼓励家庭将汇款更多地运用于生产性投资的激励体系，这有助于应对欠发达地区以及农村地区融资难的问题。

第五章
外来人口、外出人口与房价

第二至第四章分别从流入地（外来人口）和流出地（外出人口）的角度出发对家庭住房需求进行了研究。在一个城市（或住房市场）中，不仅有户籍仍在外地的外来人口，同时也会有部分户籍在本地的人口外出。在第二章中，户籍背后居民享受基本公共服务的不均等，使有定居意愿的外来人口在当地的定居成本较大而更倾向于选择租房居住；而在第四章中，外出人口的"家庭汇款"则可以促进流出地家庭进行住房投资，外来人口与外出人口对当地住房市场需求面的影响机制不同。但在以往有关流动人口对房价影响的研究中，更多的是仅站在流入地的角度考察外来人口的影响，对外出人口的影响有所忽视。本章则在第二至第四章研究的基础上，结合以往文献中对流动人口与住房市场的研究成果，利用 70 个大中城市的流动人口数据，围绕外来人口和外出人口对房价的影响展开实证分析。

一　流动人口与大中城市房价

城镇化过程伴随着大量的人口流动，2010 年"六普"数据表明，几乎每 5 个常住人口中就有 1 个属于流动人口。[①]　人口流动通

---

① 《2010 年第六次全国人口普查主要数据公报（第 1 号）》载明"大陆 31 个省、自治区、直辖市的人口中，居住地与户口登记地所在的乡镇（转下页注）

过需求面对流入地和流出地的住房市场均会产生重要影响。图 5 -
1a 与图 5 - 1b 展示了 70 个大中城市以及人口净流入城市与人口净
流出城市 2005 ~2012 年房价和房价增长率的运行态势。[①]70 个大
中城市的房价在 2005 ~2006 年、2006 ~2007 年均有较大增长率；
国际金融危机爆发后，2007 ~2008 年房价增长率猛然放缓；随着
4 万亿元的经济刺激计划的出台，2008 ~2009 年、2009 ~2010 年房
价增长率持续反弹回升；但随着"限购令"逐渐在全国主要城市
施行，2010 ~2011 年、2011 ~2012 年房价增长率又逐渐下降。

常住人口多于户籍人口的人口净流入城市与户籍人口多于常
住人口的人口净流出城市则表现出以下差异。

第一，2005 ~2012 年人口净流入城市房价水平远高于人口
净流出城市（见图 5 - 1a）。国内外大部分有关移民与住房市场
的实证文献表明，移民会对其流入地房价产生促进作用（Saiz，
2007；Degen and Fischer，2010；González and Ortega，2013；陆铭
等，2014），但也有部分文献发现移民流入后流入地房价反而下
跌（Saiz，2003；Sá，2014）。

第二，2005 ~2012 年人口净流出城市房价增长率高于人口
净流入城市（见图 5 - 1b）。以往的实证文献对此现象论述得较
少，这与流动人口研究中更侧重于外来人口和流入地而对流动人
口的另一个侧面，即外出人口和流出地关注较少有关。中国流动
人口具有"流动就业"的特征（李铁，2013），常见的住房模式

（接上页注①）街道不一致且离开户口登记地半年以上的人口为 261386075
人，不包括市辖区内人户分离的人口为 221426652 人"。张展新、杨思思
（2013）将前述"人户分离"人口归结为两种统计口径下的流动人口。

① 本章以常住人口与户籍人口大小之比定义人口净流入城市和人口净流出城市。
图 5 - 1a 和图 5 - 1b 中人口净流出城市有 15 个，由 2000 年与 2010 年户籍人
口均大于常住人口的城市组成，剩余的 55 个城市归类为人口净流入城市
（按此对人口净流入城市和人口净流出城市进行区分便于以图例进行展示）。

是居民在流入地租房居住，而在其流出地（通常是其户籍所在地）购买住房，流动人口的购房需求更多地集中于流出地。

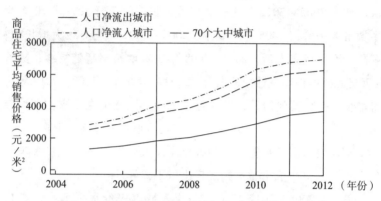

图 5 - 1a　70 个大中城市 2005～2012 年房价运行趋势

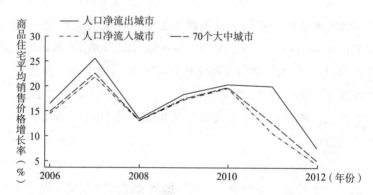

图 5 - 1b　70 个大中城市 2005～2012 年房价增长率

注：2006 年对应的为 2005～2006 年的增长率，为方便制图，未在图中显示 2005 年。

二　文献回顾

人口流动在流入地会形成"常住于此但户籍在外地"的外

来人口，同时在流出地也会形成"户籍在此但常住于外地"的外出人口。中国流动人口"流动就业"的特征导致其更倾向于在流出地购买住房而在流入地租赁住房，同时对流出地和流入地的住房市场产生影响，但作为外出人口对流出地住房市场的影响机制与作为外来人口对流入地住房市场的影响机制有所不同（见图5-2）。下面分别从外来人口和外出人口两个侧面对人口流动影响住房市场的机制进行文献梳理。

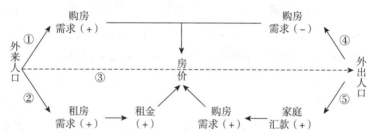

图5-2 人口流动对住房市场的影响

（一）外来人口对流入地住房市场的影响

1. 外来人口为流入地带来购房需求（见图5-2中①）

外来人口的增多，特别是收入较高的外来人口的增多会直接刺激当地购房需求的攀升，进而推高房价。Degen 和 Fischer（2010）对瑞士85个地区2001～2006年的房价进行实证研究，发现相当于本地人口1%的移民涌入会导致当地房价约2.7%的上升。González 和 Ortega（2013）进行的实证研究发现，移民导致西班牙在2000～2010年每年房价有约2%的增长，同时每年的新建住房面积有1.2%～1.5%的增长。陆铭等（2014）利用中国地级市2001～2010年房价数据以及2000年人口普查资料和2005年人口抽样调查资料进行实证研究，发现外来人口占比更高的城市房价更高；外来人口占比变化更大的城市，房价和房价增长率都更高；外来人口占比和外来人口占比变化对房价的影响主要是通过城市移民和收入较高的移民来实现。

2. 外来人口为流入地带来租房需求（见图5－2中②）

外来人口多租房居住，短期内会推高当地房租，长期内在真实住房需求的推动下房租上涨最终转化为房价上涨。Saiz（2007）认为在短期内（住房供给不发生变化）移民冲击导致租金上涨；而在长期（住房供给发生变化）的稳态中，房价作为未来租金的贴现而与租金保持一个较为稳定的比例关系，真实住房需求从租金上涨传递到房价上涨。他对美国大都市统计区的实证研究发现：相当于本地人口1%的移民涌入，会导致当地租金和房价相继上升1%。

3. 人口流入可能引起流入地本地居民外迁而带走购房需求（见图5－2中③）

外来人口增多，特别是受教育水平、技术水平较低的外来人口增多，可能会引起流入地本地居民外迁，带走购房需求，抑制房价上涨。Saiz（2003）对"马列尔偷渡事件"①后美国迈阿密住房市场上租金变化进行的实证研究发现，1980年这些额外增加的移民，使当地房租在1979～1981年有8%～11%的上调，但令人奇怪的是，当地房价却朝相反方向运动。他认为，这可能是由具有较高收入的当地居民外迁导致购房需求减少所致。Sá（2014）对英国170个地区2003～2010年的房价进行的实证研究

---

① 马列尔偷渡事件：1980年的马列尔偷渡事件中，有约15万古巴人一次性渡海到达迈阿密，这也是历史上最大的一次非军事渡海行动。跟20世纪60年代的古巴移民潮不同的是，这批难民中的大多数很贫穷。在此期间，许多非西语裔白人从迈阿密迁出。1960年迈阿密90%的人口是白人，而到了1990年仅剩下大约10%。

也发现，移民对房价产生负向作用，并且这种负向作用在移民受教育水平较低的地区更为显著。

上述 3 项外来人口对流入地房价的影响方向并不一致，而忽略人口流入可能引起流入地本地居民外迁这一情形，则可能导致外来人口对房价影响的估计有偏。因此，需要进一步研究的一个问题是：在对人口流入可能引起流入地本地居民外迁这一情形加以控制之后，中国城市中外来人口对房价是否仍表现为促进作用？

（二）外出人口对流出地住房市场的影响

1. 外出人口从流出地带走购房需求（见图 5 - 2 中④）

与人口流入会给流入地带来购房需求一样，人口流出也会从流出地带走购房需求。

2. 外出人口的"家庭汇款"效应（见图 5 - 2 中⑤）

外出人口会通过家庭汇款促进流出地家庭的住房投资。依照新迁移经济学的观点，在不完善的金融市场条件下，面临流动性约束的家庭会选派成员外出工作；外出人口的家庭汇款会提高流出地家庭整体收入、缓解家庭面临的流动性约束，并最终改善家庭消费、促进家庭投资（Stark，1991；Taylor et al.，2003；Woodruff and Zenteno，2007；Yang，2008）。De Brauw 和 Rozelle（2008）利用中国 2000 年 1199 户农户的调查数据进行实证研究，发现在较富裕地区，家庭汇款能促进流出地家庭包括住房在内的消费性投资，但对生产性投资并无促进作用。

同样，上述 2 项外出人口对流出地房价的影响方向也不一致，因而，需要进一步辨明的另一个问题是：中国住房市场上是否存在"家庭汇款"效应？

综上所述，人口流动不仅会带来租房需求和购房需求进而对流入地住房市场产生影响，还可能通过"家庭汇款"效应给流出地住房市场带来购房需求。作为流动人口的两个侧面，外来人口与外出人口对住房市场的影响机制并不一样。

三 变量构造与数据说明

（一）模型与数据

本章采用下面的回归模型（5-1）考察流动人口对房价的影响。考虑到外来人口与外出人口对住房市场的影响机制不一样，本章并未直接考察人口净流量对房价的影响，而是关注人口流入总量和人口流出总量的影响。为此，本章从常住人口中外来人口占比和户籍人口中外出人口占比两方面出发进行实证研究。本书中所用有关70个大中城市的数据主要来自2006～2013年的《中国区域经济统计年鉴》。人口数据则主要来自各省份第五次和第六次人口普查资料，2000年和2010年的人口普查资料提供了有关外来人口与外出人口较为详细和全面的统计数据。

$$hp_i(hp\_delta_i) = \alpha + \beta_1 MI_i + \beta_2 MI\_delta_i + \beta_3 MO_i + \beta_4 MO\_delta_i +$$
$$\beta_5 MO_i \times NI_i + \beta_6 MO\_delta_i \times NI_i + \beta X_i + u_i \qquad (5-1)$$

在（5-1）式中，被解释变量为70个大中城市的房价水平 hp_i，或相应年间的房价增长率 hp_delta_i，下标 i 表示第 i 个城市。[①]借鉴况伟大（2010）、陆铭等（2014）的研究，本章房价

[①] 与房价相比，房租主要受消费性住房需求的影响，波动较小，在仅关注外来人口对流入地住房市场影响时适宜作为被解释变量，如 Saiz（2007）认为在短期内移民冲击导致租金上涨，在长期内真实住房需求从租金上涨传递到房价上涨。但本章同时考察外出人口对流出地住房市场的影响，而外出人口更多的是通过"家庭汇款"效应增大购房需求来对流出地住房市场产生影响。因而，本章主要采用房价作为被解释变量。

水平 hp 以住宅商品房平均销售价格来衡量，住宅商品房平均销售价格为住宅商品房销售额与住宅商品房销售面积之比。MI 为外来人口占比，以 2000 年来自外市的外来人口占常住人口的比例衡量。MI_delta 为外来人口占比变化，以 2000～2010 年外来人口占比的变动衡量。[①] MO 为外出人口占比，以 2000 年外出至外市的人口占户籍人口的比例衡量。MO_delta 为外出人口占比变化，以 2000～2010 年外出人口占比的变动衡量。[②]

控制了 MO 与 MO_delta 之后，β_1 与 β_2 反映了在不引起本地居民外迁时，外来人口对流入地房价的影响，[③] β_3 与 β_4 则反映了外出人口对流出地房价的影响。当"家庭汇款"效应较大时，外出人口对流出地房价的两种作用机制综合表现为促进作用；而当"家庭汇款"效应较小时，外出人口对流出地房价的两种作用机制综合表现为抑制作用。

NI 是反映某市是否为人口净流入地区的虚拟变量。若某市的常住人口多于户籍人口，定义其为人口净流入地区并且 $NI=1$，否则为人口净流出地区并且 $NI=0$。当 2000 年常住人口多于户籍人口时，定义为 $NI\ 2000=1$；当 2010 年常住人口多于户籍

---

① 本章以"本省其他县（市、区）或省外的外来人口占常住人口比例"作为"外来人口占比"的代理变量。

② 离开户籍地外出半年以上的人口，按照外出方向又可分为外出至本市以及外出至外市两大类；而外出至本市的人口数可用外来人口中来自"本县（市、区）"的人口数进行估算。据此，本章利用剔除外出至本市人口之后的"外出半年以上人口"总数占户籍人口的比例作为外出人口占比的代理变量。

③ 需要说明的是，在由外来人口涌入而引起本地居民外迁时，"外迁"既可能是保留本地户籍成为"流动人口"，也可能迁户而成为"迁移人口"。由于缺乏从迁出地角度对"迁移人口"进行统计的数据，本章利用外出人口作为本地居民外迁人口的代理变量，而对"外出人口占比"和"外出人口占比变化"加以控制。

人口时，定义为 $NI\,2010 = 1$。① 另外，本章在回归中以 $MO \times NI$ 定义交叉项 $MO \times NI\,2000$，以 $MO\_delta \times NI$ 定义交叉项 $MO\_delta \times NI\,2010$。将 $MO \times NI$ 和 $MO\_delta \times NI$ 两个交叉项放入回归模型之后，β_3 与 β_4 反映了在人口净流出地区外出人口对流出地房价的影响；β_5 与 β_6 则反映了人口净流入地区与人口净流出地区之间外出人口对流出地房价影响的差异。

X_i 为其他控制变量，包括人均 GDP $pgdp$ 或者相应年间的人均 GDP 增长率 $pgdp\_delta$，2000 年、2010 年城镇常住人口总数 $pop\,2000$、$pop\,2010$ 或者 2000~2010 年城镇常住人口总数的增长率 pop_delta。将城镇常住人口及其增长率引入模型，有助于剔除人口流动通过引起人口总量变动对房价带来的那部分影响，而专注于考察人口流动通过引起流入地和流出地人口结构变动对房价带来的边际效应。

（二）描述性统计

表 5 - 1 为书中涉及变量的描述性统计。70 个大中城市 2005 年房价均值为 2535 元/米^2，人口净流入城市 2005 年房价均值为 2843 元/米^2，是人口净流出城市 2005 年房价均值 1323 元/米^2 的 2.15 倍。2010 年以及 2012 年，人口净流入城市房价均值分别为 6384 元/米^2 和 7028 元/米^2，是人口净流出城市房价均值的 2.16 倍和 1.87 倍。2005~2012 年，人口净流出城市房价均值与人口净流入城市房价均值的差距收窄，人口净流出城市的房价增长

---

① 2000 年人口净流入地区有 53 个城市，人口净流出地区有 17 个城市。2010 年人口净流入地区有 48 个城市，人口净流出地区有 22 个城市。书中为方便图例展示，"人口净流出城市"特指 2000 年与 2010 年均为人口净流出地区的 15 个城市，"人口净流入城市"则为其余 55 个城市。

率要大于人口净流入城市。这从 2005～2010 年房价增长率和 2010～2012 年房价增长率的均值也可看出。

表 5－1　描述性统计

变量	70 个大中城市		人口净流入城市		人口净流出城市	
	均值	N	均值	N	均值	N
2005 年房价水平（元/米²）	2535	69	2843	55	1323	14
2010 年房价水平（元/米²）	5650	70	6384	55	2955	15
2012 年房价水平（元/米²）	6328	70	7028	55	3760	15
2005～2010 年房价增长率（%）	121.4	69	118.0	55	134.7	14
2010～2012 年房价增长率（%）	18.55	70	15.62	55	29.28	15
2000 年外来人口占比（%）	11.01	70	13.23	55	2.856	15
2010 年外来人口占比（%）	20.10	70	24.11	55	5.433	15
2000～2010 年外来人口占比变化（%）	9.097	70	10.88	55	2.577	15
2000 年外出人口占比（%）	3.918	65	2.877	52	8.080	13
2010 年外出人口占比（%）	11.84	70	10.96	55	15.07	15
2000～2010 年外出人口占比变化（%）	7.880	65	8.126	52	6.893	13
2000 年城镇常住人口（万人）	294.2	69	315.9	54	216.1	15
2010 年城镇常住人口（万人）	428.4	70	460.6	55	310.2	15
2000～2010 年城镇常住人口增长率（%）	45.93	69	46.57	54	43.63	15
人口净流入地区占比（%）（2000 年）	0.757	70	0.964	55	0	15
人口净流入地区占比（%）（2010 年）	0.686	70	0.873	55	0	15
2005 年人均 GDP（元）	22178	70	25549	55	9817	15
2010 年人均 GDP（元）	43304	70	49059	55	22204	15
2005～2010 年人均 GDP 增长率（%）	109.0	70	103.3	55	129.7	15
2010～2012 年人均 GDP 增长率（%）	33.66	69	32.66	54	37.25	15

资料来源：2006～2013 年《中国区域经济统计年鉴》、各省份 2000 年人口普查资料以及各省份 2010 年人口普查资料。

　　人口净流入城市 2000 年、2010 年外来人口占比均值分别为 13.23% 和 24.11%，均远高于人口净流出城市 2000 年、2010 年的 2.86% 和 5.43%。人口净流入城市 2000~2010 年外来人口占比变化的均值为 10.88%，也要快于人口净流出城市的 2.58%。人口净流出城市 2000 年、2010 年外出人口占比的均值分别为 8.08% 和 15.07%，均高于人口净流入城市 2000 年、2010 年的 2.88% 和 10.96%。人口净流出城市 2000~2010 年外出人口占比变化的均值为 6.89%，与人口净流入城市的 8.13% 相差不大。

　　图 5-3a 和图 5-3b 也对前述流动人口的地区差异进行展示：在人口净流入城市中，外来人口占比相对较高；而在人口净流出城市中，外出人口占比相对较高。在人口净流入城市中，外来人口占比变化较快；在人口净流出城市中，外来人口占比变化较慢。至于外出人口占比的变化，两类城市则大致相当。因而，图 5-1a 所示"人口净流入城市房价远高于人口净流出城市"这一现象，可能与外来人口对住房市场的影响有关，而图 5-1b 所示"人口净流出城市房价增长率却高于人口净流入城市"的现象则可能与外出人口对住房市场的影响有关。

　　另外，人口净流入城市 2000 年、2010 年城镇常住人口的均

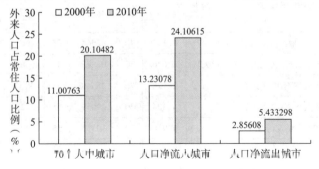

图 5-3a　70 个大中城市外来人口占比

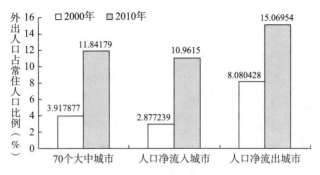

图 5 - 3b 70 个大中城市外出人口占比

值均大于人口净流出城市 2000 年、2010 年的均值，2000～2010 年城镇常住人口增长率二者则大致相当。70 个大中城市中，2000 年属于人口净流入地区的城市约占 75.7%，而 2010 年属于人口净流入地区的城市约占 68.6%。人口净流入城市 2005 年、2010 年人均 GDP 均远高于人口净流出城市，人口净流出城市 2005～2010 年人均 GDP 的增长率为 129.7%，却高于人口净流入城市。

四 实证分析

（一）人口流动对房价水平的影响

1. 2000 年外来人口占比、外出人口占比对 2005 年房价水平的影响

表 5 - 2 展示了 2000 年外来人口占比、外出人口占比对 2005 年房价水平影响的回归结果。[①] 模型 1 与模型 2 分别只包含 2000

[①] 借鉴陆铭等（2014）在研究外来人口对房价影响时对模型的设置，本章首先也以 2005 年房价水平作为被解释变量进行回归。此外，本章也以 2001 年房价水平进行了回归，发现结论类似，即外来人口占比更高的城市其 2001 年房价水平更高，而在人口净流入地区的住房市场上存在"家庭汇款"效应。

年外来人口占比与外出人口占比；模型 3 同时将二者纳入模型，此时外来人口占比对房价的影响已经考虑到人口流入可能引起流入地本地居民外迁的情形；模型 4 区分人口净流入地区与人口净流出地区，考察外出人口占比对房价的影响；模型 5 对其他变量进行控制。研究有以下发现。

（1）外来人口占比更高的城市，其 2005 年房价水平更高。模型 1 中，2000 年外来人口占比的系数估计值显著为正。由于未考虑人口流入可能引起流入地本地居民外迁的情形，模型 1 有关外来人口占比对房价影响的估计有偏。模型 3 ~ 5 则对 2000 年外出人口占比进行控制，2000 年外来人口占比对 2005 年房价水平的影响仍然显著为正，系数估计值在 0.005 ~ 0.015。当 2000 年外来人口占比提高 1 个百分点时，2005 年房价升高 0.5% ~ 1.5%，而陆铭等（2014）估计中国地级市 2000 年外来人口占比每提高 1 个百分点，2005 年房价就高出 0.833%。在中国住房市场上，即使人口流入有可能引起本地居民外迁，但外来人口仍然通过带来更多的租房需求以及购房需求而提高流入地房价。

表 5 - 2　人口流动对 2005 年房价水平的影响

	2005 年房价（log 形式）				
	模型 1	模型 2	模型 3	模型 4	模型 5
2000 年外来人口占比	0.0158*** (0.000)		0.0148*** (0.000)	0.0105*** (0.000)	0.00572*** (0.004)
2000 年外出人口占比		- 0.0279** (0.015)	- 0.0249** (0.023)	- 0.0572*** (0.000)	- 0.0289** (0.031)
外出人口占比 × 是否 为人口净流入地区				0.0584*** (0.000)	0.0345** (0.040)
2005 年人均 GDP （log 形式）					0.357*** (0.004)

	2005 年房价（log 形式）				
	模型 1	模型 2	模型 3	模型 4	模型 5
2000 年城镇常住人口 （log 形式）					0.0218 (0.786)
常数项	7.440*** (0.000)	7.727*** (0.000)	7.546*** (0.000)	7.591*** (0.000)	3.781*** (0.000)
N	69	64	64	64	63
R^2	0.228	0.113	0.321	0.504	0.607

注：括号内为 p 值（ * 、** 、*** 分别代表在 10% 、5% 、1% 的水平下显著），对异方差稳健，下同。本章对房价水平以及人均 GDP 水平取 log 形式，并进行价格水平调整；对城镇常住人口也取 log 形式，表 5 - 3 类同。由于未能找到横向比较的价格指数（同一时期各地区之间），本章借鉴郑思齐（2007）研究中以各省份之间居民消费水平的横向比较对相关变量进行调整。

（2）在人口净流入地区的住房市场上存在"家庭汇款"效应，外出人口对 2005 年流出地房价综合表现为促进作用；而在人口净流出地区，外出人口对 2005 年流出地房价综合表现为抑制作用。模型 2 与模型 3 中，2000 年外出人口占比的系数估计值均显著为负，表明外出人口占比更高的城市，房价水平更低。至此，模型 2 与模型 3 并未就中国住房市场上是否存在"家庭汇款"效应提供证据，外出人口对房价影响的逻辑仍与外来人口保持一致：人口流入促进房价上涨，而人口流出抑制房价上涨。模型 4 中，在人口净流出地区，2000 年外出人口占比对 2005 年房价仍表现为抑制作用，系数估计值为 - 0.0572。与人口净流出地区不同，人口净流入地区外出人口对 2005 年房价却表现为促进作用，2000 年外出人口占比对 2005 年房价的影响系数为 0.0012（0.0584 - 0.0572）。在人口净流入地区，虽然外出人口会带走购房需求抑制流出地房价上涨，但其家庭汇款可以缓解流出地家庭面临的流动性约束进而促进住房投资，对流出地房价产生促进作用。最终，在这两种相反的作用机制下，人口净流入地区的外出人口对流出地房价综合表现为促进作用，为住房市场上"家庭汇款"效应的存在提供了证据。在控制了其他变量以后，模型 5 中人口净流入地区外出人口的"家庭汇款"效应仍然存在，2000 年外出人口占比对 2005 年房价影响的系数估计值为 0.0056（0.0345 − 0.0289），外出人口占比提高 1 个百分点，流出地房价升高 0.56%。

另外，模型 5 控制了人均 GDP 与城镇常住人口以后，外来人口占比与外出人口占比对房价影响的方向未变，系数绝对值变小。人均 GDP 更高的城市，房价水平更高。

2. 2000 ~ 2010 年外来人口占比变化、外出人口占比变化对 2010 年房价水平的影响

针对 2010 年 70 个大中城市的房价，本小节进一步考察 2000 ~ 2010 年外来人口占比变化和外出人口占比变化对 2010 年房价水平的影响。陆铭等（2014）认为外来人口占比变化中可能包含了对未来城市化进程的预期。因此，表 5 − 3 模型 6 ~ 10 中，将 2000 ~ 2010 年外来人口占比变化和外出人口占比变化纳入回归。与表 5 − 2 模型 1 ~ 5 所得回归结果类似，但有以下变化。

（1）除外来人口占比外，外来人口占比变化对 2010 年房价水平也具有显著的促进作用。2000 ~ 2010 年外来人口占比变化每提高 1 个百分点，2010 年房价升高 2.3% ~ 3.0%。外来人口占比变化中可能包含对未来城市化进程的预期，即预期更多的外来人口会引起房租与房价的上涨，进而刺激住房投资并推高房价。陆铭等（2014）估计 2000 ~ 2005 年外来人口占比变化每提高 10 个百分点，2005 年房价就会高出 16.17%。

（2）无论是人口净流入地区还是人口净流出地区，外出人

口占比变化对 2010 年房价水平并无显著影响。模型 7 与模型 8
中，2000 年外出人口占比对 2010 年房价的影响仍然为负，但不
再统计显著。模型 9 与模型 10 中，人口净流出地区 2000 年外出
人口占比对 2010 年房价仍表现为抑制作用。在人口净流入地区，
2000 年外出人口占比对 2010 年房价综合表现为促进作用，住房
市场上"家庭汇款"效应存在，2000 年外出人口占比每提高 1
个百分点，2010 年流出地房价上升 0.62% ~ 1.12%。模型 7 ~ 10
中，无论是在人口净流入地区还是人口净流出地区，2000 ~ 2010
年外出人口占比变化对 2010 年房价的影响在统计上均不显著，
这可能与城市居民通常基于外来人口占比变化对城市化进程进行
预期有关，实际上人口流出也可能促进流出地的城市化进程。①

表 5 - 3　人口流动对 2010 年房价水平的影响

	2010 年房价（log 形式）				
	模型 6	模型 7	模型 8	模型 9	模型 10
2000 年外来人口占比	0.0176*** (0.000)		0.0181*** (0.000)	0.0163*** (0.000)	0.0162*** (0.001)
2000 ~ 2010 年外来 人口占比变化	0.0297*** (0.000)		0.0297*** (0.000)	0.0247*** (0.006)	0.0239** (0.029)
2000 年外出人口占比		- 0.00827 (0.582)	- 0.00909 (0.384)	- 0.0264*** (0.005)	- 0.0181 (0.228)
2000 ~ 2010 年外出 人口占比变化		0.00918 (0.516)	- 0.00796 (0.492)	0.000845 (0.914)	0.00482 (0.610)
外出人口占比 × 是否 为人口净流入地区				0.0326** (0.044)	0.0293* (0.099)

① 比如，一个城市中农村地区的人口流入另一个城市的城镇地区进行工作，同
时减少了流出地农村地区常住人口、增多了流入地城镇地区常住人口，同时
推进两个地区的城市化进程。

	2010 年房价（log 形式）				
	模型 6	模型 7	模型 8	模型 9	模型 10
外出人口占比变化 × 是否为人口净流入地区				−0.00535 (0.675)	−0.00784 (0.567)
2010 年人均 GDP （log 形式）					0.151 (0.448)
2010 年城镇常住人口 （log 形式）					−0.0554 (0.696)
常数项	7.901*** (0.000)	8.333*** (0.000)	7.993*** (0.000)	8.016*** (0.000)	7.239*** (0.000)
N	70	65	65	65	65
R²	0.504	0.030	0.501	0.537	0.550

3. 对人口净流入城市与人口净流出城市房价水平差异的讨论

基于表 5 - 2 与表 5 - 3 有关 2005 年房价水平和 2010 年房价水平的回归结果，结合图 5 - 3a 与图 5 - 3b 有关流动人口的地区差异，可对"人口净流入城市房价水平远高于人口净流出城市"（见图 5 - 1a）这一现象进行如下解释。

人口净流入城市中外来人口占比通常要高于人口净流出城市，外来人口对房价水平的促进作用会拉大两种类型城市之间房价水平差距。不仅如此，与人口净流出城市不同，人口净流入城市中外出人口对房价综合表现为促进作用，这会进一步拉大二者之间的差距。因而，人口净流入城市房价水平远高于人口净流出城市。

（二）人口流动对房价增长率的影响

1. 外来人口、外出人口占比及其变化对2005～2010年房价增长率的影响

为进一步讨论中国住房市场上的"家庭汇款"效应，并对前述"人口净流出城市房价增长率却高于人口净流入城市"（见图 5 - 1b）的现象予以解释，表 5 - 4 的模型 11 ~ 15 均以 2005 ~ 2010 年的房价增长率作为被解释变量进行回归。另外，可能存在一些无法观测且不易进行控制的、由城市异质性所形成的第三方因素同时对房价和流动人口产生推动作用，从而带来内生性问题。在以房价增长率而非房价水平作为被解释变量时，对此类第三方因素引起的内生性问题有所缓解。表 5 - 4 的回归结果如下。

表 5 - 4　人口流动对 2005 ~ 2010 年房价增长率的影响

	2005 ~ 2010 年房价增长率				
	模型 11	模型 12	模型 13	模型 14	模型 15
2000 年外来人口占比	0.887*** (0.006)		0.794** (0.043)	0.950** (0.024)	1.306 (0.102)
2000 ~ 2010 年外来人口占比变化	-0.156 (0.861)		0.202 (0.845)	0.631 (0.644)	1.203 (0.520)
2000 年外出人口占比		5.190*** (0.000)	4.970*** (0.000)	4.497*** (0.001)	4.461*** (0.004)
2000 ~ 2010 年外出人口占比变化		2.383* (0.057)	1.692 (0.255)	2.344 (0.141)	1.521 (0.466)
外出人口占比 × 是否为人口净流入地区				0.0216 (0.991)	-0.412 (0.848)
外出人口占比变化 × 是否为人口净流入地区				-1.382 (0.501)	-1.054 (0.660)
2005 ~ 2010 年人均 GDP 增长率					0.349 (0.368)
2000 ~ 2010 年城镇常住人口增长率					0.233 (0.491)

续表

	2005~2010 年房价增长率				
	模型 11	模型 12	模型 13	模型 14	模型 15
常数项	97.95*** (0.000)	69.64*** (0.000)	64.82*** (0.000)	63.53*** (0.000)	17.38 (0.697)
N	69	64	64	64	63
R^2	0.045	0.172	0.209	0.214	0.262

注：本章利用相应年间的城镇居民消费价格指数对房价增长率以及人均 GDP 增长率进行调整。

（1）外来人口占比更高的城市，其 2005~2010 年房价增长率更高，但是外来人口占比变化对房价增长率的影响在统计上不显著。模型 11、模型 13、模型 14 中 2000 年外来人口占比的系数估计值均为正且统计显著；模型 15 中 2000 年外来人口占比的系数估计值也为正，p 值为 0.102，在 10% 的水平下接近统计显著。2000 年外来人口占比每提高 1 个百分点，2005~2010 年房价增长率会上升 0.79%~1.31%。另外，2000~2010 年外来人口占比变化对 2005~2010 年房价增长率的影响在统计上却不显著。

（2）无论是人口净流入地区还是人口净流出地区的住房市场上均存在"家庭汇款"效应，外出人口占比更高的城市，其 2005~2010 年房价增长率更高，但外出人口占比变化对房价增长率的影响在统计上大多不显著。模型 12~15 中，2000 年外出人口占比的系数估计值均为正且在 1% 的水平下统计显著，为人口净流出地区住房市场上也存在"家庭汇款"效应提供了证据。在外出人口带走购房需求以及外出人口的"家庭汇款"效应两种相反的作用机制下，人口净流出地区的外出人口对 2005~2010 年房价增长率综合表现为促进作用，"家庭汇款"效应相对较强。2000 年外出人口占比每提高 1 个百分点，2005～2010 年房价增长率会上升 4.46%～5.19%。模型 14～15 中，与人口净流出地区相比，人口净流入地区 2000 年外出人口占比对 2005～2010 年房价增长率的影响并无显著差异，人口净流入地区的住房市场上也存在"家庭汇款"效应，这与前面表 5-2 中所得结论一致。另外，2000～2010 年外出人口占比变化对 2005～2010 年房价增长率的影响在统计上不显著。

2. 外来人口、外出人口占比及其变化对2010～2012年房价增长率的影响

表 5-5 针对 2010～2012 年房价增长率进行回归，却发现与 2005～2010 年的情形有所差异。

（1）与 2005～2010 年不同，外来人口占比更高、外来人口占比变化更大的城市，其 2010～2012 年房价增长率反而更低。模型 16 以及模型 18～20 中，2000 年外来人口占比以及 2000～2010 年外来人口占比变化对 2010～2012 年房价增长率的影响均显著为负，即外来人口占比更高以及外来人口占比变化更大的城市，2010～2012 年房价增长率更低。外来人口占比对 2005～2010 年房价增长率的影响为正，而对 2010～2012 年房价增长率的影响却为负，可见，在不同时间段外来人口对房价增长率的影响方向可能有所不同。

（2）与 2005～2010 年类似，无论是人口净流入地区还是人口净流出地区的住房市场上均存在"家庭汇款"效应，外出人口占比更高的城市，其 2010～2012 年房价增长率更高。模型 17～20 中，2000 年外出人口占比以及 2000～2010 年外出人口占比变化对 2010～2012 年房价增长率的影响基本为正。模型 19 与模型 20 中 2000 年外出人口占比的正向影响统计显著，即 2000 年外出人口占比更高的城市，2010～2012 年房价增长率更高。

表 5 - 5   人口流动对 2010 ~ 2012 年房价增长率的影响

	2010 ~ 2012 年房价增长率				
	模型 16	模型 17	模型 18	模型 19	模型 20
2000 年外来人口占比	- 0.358 *** (0.004)		- 0.413 *** (0.002)	- 0.579 *** (0.001)	- 0.605 *** (0.000)
2000 ~ 2010 年外来 人口占比变化	- 0.559 * (0.059)		- 0.686 ** (0.034)	- 1.123 ** (0.011)	- 1.117 ** (0.018)
2000 年外出人口占比		0.395 (0.402)	0.413 (0.398)	0.874 ** (0.039)	0.796 ** (0.048)
2000 ~ 2010 年外出人 口占比变化		0.463 (0.299)	0.856 * (0.058)	0.390 (0.373)	- 0.0236 (0.961)
外出人口占比 × 是否为 人口净流入地区				0.0783 (0.912)	- 0.109 (0.864)
外出人口占比变化 × 是否为人口净流入地区				1.270 * (0.063)	1.476 ** (0.039)
2010 ~ 2012 年 人均 GDP 增长率					0.285 (0.328)
2000 ~ 2010 年 城镇常住人口增长率					0.142 (0.112)
常数项	19.46 *** (0.000)	4.514 (0.332)	12.33 ** (0.021)	12.97 ** (0.016)	2.434 (0.785)
N	70	65	65	65	64
R^2	0.132	0.017	0.188	0.233	0.283

3. 不同时间段外来人口对房价增长率影响方向的不一致性

在前面有关 2005 ~ 2010 年以及 2010 ~ 2012 年房价增长率的回归分析中，外来人口对房价增长率的影响方向并不一致。为进一步考察不同时间段上的这种不一致性，本章在表 5 - 6 中针对 2005 ~ 2012 年每年的房价增长率进行回归，有以下发现。

表 5 - 6　人口流动对 2005~2012 年每年房价增长率的影响

	房价增长率						
	2005~ 2006 年	2006~ 2007 年	2007~ 2008 年	2008~ 2009 年	2009~ 2010 年	2010~ 2011 年	2011~ 2012 年
2000 年外来人口占比	0.220 (0.142)	0.369*** (0.009)	-0.254 (0.255)	-0.199 (0.233)	0.502*** (0.001)	-0.378*** (0.001)	-0.185** (0.032)
2000~2010 年外来人口占比变化	0.403 (0.263)	-0.172 (0.685)	-0.568 (0.321)	-0.120 (0.767)	0.872*** (0.007)	-1.228*** (0.002)	0.145 (0.495)
2000 年外出人口占比	0.885** (0.035)	0.902* (0.073)	-0.989 (0.329)	0.967* (0.095)	0.129 (0.756)	0.209 (0.529)	0.476** (0.018)
2000~2010 年外出人口占比变化	0.376 (0.382)	0.343 (0.455)	-0.382 (0.461)	0.532 (0.126)	-0.301 (0.435)	0.0423 (0.895)	0.0193 (0.949)
外来人口占比×是否为 人口净流入地区	-0.234 (0.651)	-0.0690 (0.908)	0.357 (0.623)	0.918 (0.240)	-1.031 (0.101)	0.466 (0.387)	-0.548 (0.132)
外出人口占比变化×是否为 人口净流入地区	0.0502 (0.924)	-0.0128 (0.981)	-0.529 (0.328)	0.494 (0.375)	-0.306 (0.538)	1.102** (0.038)	0.215 (0.589)
2000~2010 年城镇 常住人口增长率	0.0388 (0.679)	-0.0219 (0.798)	0.139 (0.359)	-0.0384 (0.545)	0.0596 (0.352)	0.0801 (0.229)	0.0504 (0.219)

	房价增长率						
	2005 ~ 2006 年	2006 ~ 2007 年	2007 ~ 2008 年	2008 ~ 2009 年	2009 ~ 2010 年	2010 ~ 2011 年	2011 ~ 2012 年
相邻年间人均 GDP 增长率	0.819**	0.153	-0.343	0.0417	0.672**	0.360	0.0919
	(0.027)	(0.679)	(0.264)	(0.883)	(0.041)	(0.259)	(0.749)
常数项	-12.87*	8.444	22.30*	10.65**	-1.716	5.306	-1.860
	(0.067)	(0.269)	(0.069)	(0.025)	(0.812)	(0.406)	(0.631)
N	63	63	64	64	64	64	64
R^2	0.337	0.183	0.137	0.184	0.197	0.316	0.125

（1）在 2007~2008 年、2008~2009 年、2010~2011 年以及 2011~2012 年，2000 年外来人口占比对房价增长率的影响均为负；而在 2005~2006 年、2006~2007 年以及 2009~2010 年，2000 年外来人口占比对房价增长率的影响均为正。2005~2012 年历年房价增长率的回归结果表明，外来人口对房价增长率的影响方向在不同时间段确实存在差异。这可能与流动人口多以就业而非定居为目的的"流动就业"特征有关。在 2008 年、2009 年、2011 年以及 2012 年，全国经济增长有所放缓，GDP 增长率皆小于 10%，而 2006 年、2007 年、2010 年的 GDP 增长率均在 10% 以上（见图 5-4）。就业机会的减少易引起流动人口"回流"至其流出地，随之减少流入地的租房需求与购房需求；就业机会的增加又使流动人口增加流入地的租房需求与购房需求。"流动就业"特征最终使流动人口对流入地住房市场上房价增长率的影响方向在不同时间段存在差异。

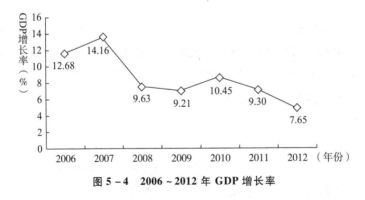

图 5-4 2006~2012 年 GDP 增长率

（2）除了 2007~2008 年，在 2005~2012 年的其他年份，2000 年外出人口占比对房价增长率均综合表现为促进作用，外出人口对流出地住房市场两种作用相反的机制中"家庭汇款"效应相对较强。

4. 对人口净流入城市与人口净流出城市房价增长率差异的讨论

基于表 5 - 4、表 5 - 5 与表 5 - 6 有关房价增长率的回归结果，结合图 5 - 3a 与图 5 - 3b 有关流动人口的地区差异，可对"人口净流出城市房价增长率却高于人口净流入城市"（见图 5 - 1b）这一现象进行如下解释。

虽然人口净流入城市中外来人口占比通常要高于人口净流出城市，但外来人口对房价增长率的影响依时间段不同而不同。在房价加速上升的年份，外来人口对房价增长率明显促进；而在房价增长率放缓的年份，外来人口对房价增长率却表现为抑制。但是，人口净流出城市中外出人口占比通常要高于人口净流入城市，并且外出人口对房价增长率却始终呈现促进作用。因而，人口净流出城市的房价增长率会高于人口净流入城市。

五　本章小结

人口流动在流入地形成外来人口，同时在流出地形成外出人口。本章利用 70 个大中城市 2005 ~ 2012 年住宅商品房平均销售价格以及各省份 2000 年、2010 年人口普查资料，从外来人口与外出人口两个侧面实证分析了人口流动对房价的影响，发现以下结论。

第一，即使人口流入可能引起流入地本地居民外迁，中国城市中外来人口对房价仍具有促进作用。当 2000 年外来人口占比每提高 1 个百分点时，2005 年房价升高 0.5% ~ 1.5%；2000 ~ 2010 年外来人口占比变化每提高 1 个百分点，2010 年房价升高 2.3% ~ 3.0%。在作用相反的三种机制，即外来人口增加流入地购房需求、外来人口增加流入地租房需求和人口流入引起流入地本地居民外迁减少购房需求的作用下，外来人口对房价综合表现为促进作用。

第二，中国住房市场上存在外出人口的"家庭汇款"效应。在两种作用相反的机制，即外出人口减少流出地购房需求以及外出人口的"家庭汇款"通过缓解家庭面临的流动性约束进而刺激购房需求的综合影响下，外出人口对人口净流入地区的房价综合表现为促进作用，对人口净流入地区和人口净流出地区的房价增长率均综合表现为促进作用。在人口净流入地区，2000 年外出人口占比每提高 1 个百分点，2005 年流出地房价升高 0.56%，2010 年流出地房价升高 1.12%。而无论是在人口净流入地区还是人口净流出地区，外出人口对 2005 ~ 2010 年和 2010 ~ 2012 年房价增长率的影响均显著为正，并且两种地区之间无显著差异。

第三，在不同的时间段，外来人口对房价增长率的影响方向并不一致。流动人口多以就业而非定居为目的，"流动就业"特征使流动人口对流入地住房市场上房价增长率的影响方向在不同时间段存在差异。

另外，外出人口的"家庭汇款"效应对房价增长率的促进作用有助于解释 70 个大中城市中"人口净流出城市的房价增长率却高于人口净流入城市"这一现象。虽然人口净流入城市中外来人口占比通常要高于人口净流出城市，但外来人口对房价增长率的影响依时间段不同而不同。但是，人口净流出城市中外出人口占比通常要高于人口净流入城市，并且外出人口对房价增长率却始终呈现促进作用。

基于人口流动对住房市场的重要影响，本章有以下建议。

第一，地方政府有必要注意到外出人口的"家庭汇款"对流出地住房市场带来的影响，在新型城镇化下加快户籍制度改革，增强外出人口"回流"并购房定居的意愿，促进住房市场（尤其是二、三线城市住房市场）稳健发展。

　　第二，地方政府和房地产商应当对城镇化过程中人口流动对住房市场带来的影响重新进行评估。除肯定人口流入对流入地住房市场繁荣所发挥的积极作用以外，还需注意到经济下行时流动人口"流动就业"的特征对流入地住房市场可能带来的风险。

第六章
住房市场风险－收益关系研究
——基于住房消费套保效应的证据

从第一章导论及第五章可知，流动人口因自身"流动就业"的特点可能使其购房需求和租房需求并不会稳定在一个城市之中，尤其是对倾向于在流入地城市租赁住房的流动人口来说，一旦当地工作机会变少、就业形势严峻，极易前往其他城市寻找工作或"回流"至家乡而退出当地的住房租赁市场。流动人口自身"流动就业"的特点可能加剧了整个住房市场的租金波动。

家庭通常是厌恶风险的，无论是房价风险还是租金风险。作为投资品，家庭出于对房价风险的厌恶而不愿意持有住房资产并减少购房需求。作为消费品，家庭面临租金风险，但拥有住房之后家庭可以规避租金风险，出于对租金风险的厌恶家庭希望持有住房资产。因而，厌恶房价风险的家庭会对住房资产要求较高的预期收益率，而住房所有权对冲租金风险的功能又使家庭宁可要求较低的预期收益率也希望获得住房所有权。在中国，这种基于对冲租金风险的目的而购房的效应是否存在？住房市场上风险－收益关系呈现怎样的特征？本章利用 70 个大中城市 2006～2011 年的数据展开实证分析。

一　文献回顾

住房是家庭的重要资产，而对家庭整体而言又要规避风险。Merton（1973）的研究表明，在投资者规避风险的情况下，资产的条件期望超额收益是其条件方差和超额收益与投资机会的协方差（对冲成分）的线性函数。在标准的资产定价模型中，对冲成分被认为可以忽略（Merton，1980），且供给又被认为是外生给定的（Lucas，1978）。经典的投资理论预言资产预期收益和风险之间是"高风险高收益"关系，风险较高时投资者会减少资产需求，进而资产价格下降，预期收益率上升，资产收益和风险之间表现为"高风险高收益"。

住房不仅具有投资属性，其作为耐用消费品提供居住服务因而还具有消费属性。Henderson 和 Ioannides（1983）、Fu（1991）及 Ioannides 和 Rosenthal（1994）已经将住房需求分为消费需求和投资需求来建模分析家庭的住房租买选择（Tenure Choice）。一些学者在研究住房资产的风险 - 收益关系时，也考虑到住房的消费属性可能影响传统的"高风险高收益"关系。Crone 和 Voith（1999）利用美国蒙哥马利县 182 个调查区域 1977～1997 年数据进行实证研究，发现住房资产的风险 - 收益关系和其他金融资产类似，高风险仍需高预期收益补偿。Shilling（2003）针对住房市场是否像股票市场一样也存在"风险溢价之谜"（Risk Premium Puzzle）的实证考察，发现美国 1988～2002 年住房资产的预期收益远高于股票。Sarama（2009）也考察了住房资产是否存在"风险溢价之谜"，与 Shilling（2003）不同的是，他发现住房资产的风险溢价居然小于同期股票的风险溢价，认为是住房的租金风险对冲功能降低了住房的风险溢价。Cannon 等（2006）对住房的消费属性是否会影响到住房资产收益与风险的正相关关系以及传统的资产定价模型是否仍适用于分析住房市场提出疑问。针对此疑问，他们的实证研究表明住房资产的风险与收益之间仍然呈现正相关关系，传统的资产定价模型也适用于分析住房市场。Case 等（2011）利用 151 个大都市统计区（Metropolitan Statistical Areas，MSAs）1985～2007 年的数据，细致探讨了多因子模型在住房市场上的适用性。他们的实证研究支持多因子模型对大部分 MSAs 的住房市场有解释力，但在某些地区的解释力较弱，认为解释力较弱的原因可能是在这些市场中住房更像一个消费品而非投资品。前述文献都考虑到住房的消费属性可能影响传统的"高风险高收益"关系，但没有深入探究其影响机制。

无论是租房还是买房居住，住房服务都是家庭的一项必需品，住房的这一消费属性，使家庭势必面临租金风险。Berkovec 和 Fullerton（1992）首次提出住房所有权可以对冲租金风险的观点。Sinai 和 Souleles（2005）的理论分析认为，拥有住房所有权可在一定程度上对冲租金风险，激励家庭的购房意愿。实证考察时他们以租金波动率作为核心解释变量，发现租金风险对家庭购房可能性及房价租金比有显著的正向影响。Sinai（2009）不仅分析了住房所有权在区域性住房市场内，也分析了跨市场间的租金风险对冲功能，认为住房市场间的价格联动性越强，跨市场间租金风险对冲功能越强。Han（2010）认为房价风险对住房需求的影响有两个渠道：一是金融风险效应，影响为负，房价波动减少了风险厌恶投资者的住房资产需求；二是住房消费套保效应，影响为正，即家庭购房可以对冲租金风险、规避未来住房消费的不确定性，进而增加对住房所有权的需求。他在基于微观调查数据进行实证检验时，利用 Logit 模型对家庭对冲租金风险的倾向进行赋值，通过对冲倾向（Hedging Propensity）与房价风险的交叉项来识别这种住房消费套保效应，发现对冲倾向大的家庭购房的可能性更大。上述研究意味着对冲租金风险的动机会激励家庭的购房需求，进而影响住房市场风险－收益关系。

　　Han（2013）关于住房资产风险－收益关系的研究认为，相应于住房的投资和消费属性，在风险－收益关系上表现为两种方向相反的机制。一是金融风险效应，当住房资产收益的风险高时，风险厌恶投资者降低购房需求，进而房价下跌，预期收益率上升，风险与预期收益之间表现为"高风险高收益"；二是住房消费套保效应，若房价风险高时租金风险也相应较高，风险厌恶投资者出于对冲租金风险、套保未来住房消费的激励反而增加购房需求，进而房价上涨，预期收益率下降，风险与预期收益之间表现为"高风险低收益"，与传统的"高风险高收益"相反。因此，住房消费套保效应可能缓解甚至逆转传统的"高风险高收益"关系。他基于1990～2007年美国MSAs的数据实证验证理论分析的预测，也采用市场对冲激励与住房收益波动的交叉项来识别住房消费套保效应。

　　近年来中国房价整体持续上涨，学者们主要从住房投资属性角度，重点考察了预期因素在房价持续上涨中所扮演的角色（任荣荣等，2008；陈建等，2009；况伟大，2010；张亚丽等，2011）。任荣荣等（2008）认为主要是"未来房价会继续高涨"的近视预期导致了居民对住房需求的过度膨胀。陈建等（2009）认为房价上涨是近视预期与货币幻觉（通货膨胀）的共同作用。况伟大（2010）在考虑了利率、收入、开发成本和人口增长等基本面因素的基础上，认为房价持续上涨主要是房价预期和投机行为的共同作用。张亚丽等（2011）认为主要是人均收入和预期房地产收益率增长的预期推动了城市房价的上涨。

　　另外，国内关于住房价格和住房需求的研究已考虑到住房的双重属性。况伟大（2009）针对住房的消费和投资属性分别建立消费者－开发商和投资者－开发商理论模型，研究物业税对房价的影响。周京奎（2012）运用省级面板数据分析了信贷约束对家庭住宅需求的影响，发现住房市场风险对住宅权属需求的影响在统计上并不显著，并将此归结为家庭厌恶房价风险而减持住房资产，但同时又希望拥有住房以对冲租金风险两种作用相反的机制所致。周京奎（2013）进一步利用 CHNS 调查数据，研究房价风险和风险对冲倾向对家庭住宅需求的影响，发现房价风险对家庭住房需求倾向和住宅价格有负向影响，风险对冲倾向对购房概率和住宅价格有正向影响。

综上，国内当前文献多关注住房价格和需求问题，但较少研究住房市场的风险－收益关系，更没有关于住房市场风险－收益关系（下文以住房资产风险－收益关系来衡量）中住房消费属性作用机制的研究。本章则侧重探讨相应于住房消费属性的住房消费套保效应对风险－收益关系的影响，并进一步针对不同市场增长类型和供给弹性分别进行考察，在一定程度上弥补了当前研究的空白。

二　理论框架

（一）住房资产风险－收益关系中的住房消费套保效应

Han（2013）把住房所有权对冲租金风险、套保未来住房消费的功能引入了住房资产风险－收益关系的研究之中，基于无限期生命家庭的消费资本资产定价模型展开分析。基本模型如下：

$$\underset{c_t, h_t, s_t}{\mathrm{Max}} E\big[\sum_{t=0}^{\infty} \beta^t u(c_t, h_{t-1})\big] \qquad (6-1)$$

$$\text{s. t. } c_t + P_t h_t + s_t = y_t + s_{t-1}(1 + r_t^f) + P_t h_{t-1}(1 - \delta)$$

其中，$E(\cdot)$ 为基于 0 期信息的期望算子，β 为主观折现因子，瞬时效用函数 $u(c_t, h_{t-1})$ 取决于当期（非住房）基准商品消费 c_t 和上期住房存量提供的住房居住服务消费 h_{t-1}，[①] 假设效用函数遵从传统假定，分别是 c_t 和 h_{t-1} 单调递增的凹函数。模型中包括两种资产：无风险资产债券 s_t 的收益率记为 r_t^f；住房资产 h_t 的交易价格为 P_t、折旧率为 δ。家庭期初的无风险资产和住房禀赋分别为 s_0 和 h_0。家庭 t 期获得的劳动收入为 y_t。

家庭选择基准商品消费 c_t、住房持有 h_t 和债券持有 s_t，最大化一生的期望效用。根据拉格朗日乘数法计算关于 s_t、h_t 和 c_t 的一阶条件，整理可得：

$$1 = E_t \big[(1 + r_{t+1}^f) M_{t+1} \big] \tag{6-2}$$

$$P_t = E_t \big\{ M_{t+1} \big[P_{t+1}(1 - \delta) + Q_{t+1} \big] \big\} \tag{6-3}$$

$$M_{t+1} = \beta \frac{u_1(c_{t+1}, h_t)}{u_1(c_t, h_{t-1})}, Q_{t+1} = \frac{u_2(c_{t+1}, h_t)}{u_1(c_{t+1}, h_t)}$$

其中，定价核 M_{t+1} 代表对 $t+1$ 期和 t 期单位基准商品消费的边际效用之比，即跨期边际替代率，（6-2）式中 M_{t+1} 也经常被称为随机折现因子。Q_{t+1} 代表在 $t+1$ 期单位住房的租金率，为 $t+1$ 期住房消费与基准商品消费的边际效用之比。关于债券持有 s_t 的一阶条件（6-2）式定义了均衡利率水平。直观地，把 t 期 1 单位基准商品投资于无风险资产债券 s_t，在 $t+1$ 期获得的预期总收益的 t 期现值 $E_t \big[(1 + r_{t+1}^f) M_{t+1} \big]$ 等于 t 期单位基准商品的价值 1。

关于住房持有 h_t 的一阶条件（6-3）式表明当期房价 P_t 等于通过折旧调整后的 $t+1$ 期房价与租金之和的 t 期现值。如果记

---

① 家庭 $t-1$ 期末拥有的 1 单位住房在 t 期为家庭提供 1 单位居住服务。

住房的未来总收益为 $R_{t+1} = [P_{t+1}(1-\delta) + Q_{t+1}]/P_t$，则（6－3）式可变形为（6－4）式。直观含义和（6－2）式完全类似，即 t 期把 1 单位基准商品投资于住房资产，在 $t+1$ 期获得的总收益的现值等于 t 期单位基准商品的价值 1。

$$1 = E_t[M_{t+1} R_{t+1}] \qquad (6-4)$$

为获得住房资产预期收益与风险的解析关系，Han（2013）将效用函数具体化为包含住房消费和基准商品消费的常相对风险厌恶效用函数，并在收入、房价、租金率变动服从特定随机过程的情况下，采用（6－4）式作为优化条件，进一步得到住房资产收益率 r_{t+1} 的线性解，继而得出预期收益率 $E_t[r_{t+1}]$ 与风险 $\sigma_{r,t}^2$ 之间的关系，如（6－5）式所示。[①] 参数 γ（$0 < \gamma < 1$）反映常相对风险厌恶效用函数中对非住房消费的相对偏好。假设房价变动和基准商品跨期边际替代率负相关，即 $\rho_{PM} < 0$；房价变动和租金变动正相关，即 $\rho_{PQ} > 0$。

$$\frac{\partial E_t[r_{t+1}]}{\partial \sigma_{r,t}^2} = \frac{-\rho_{PM} - (1-\gamma)\rho_{PQ} - \frac{1}{2}\gamma}{\gamma + 2(1-\gamma)\rho_{PQ}} \qquad (6-5)$$

在上述关于住房资产风险－收益关系中，存在作用方向截然相反的两种机制：一是 $\rho_{PM} < 0$ 假定下的"金融风险效应"，使住房资产的风险－收益表现为传统金融资产的"高风险高收益"关系；二是 $\rho_{PQ} > 0$ 假定下的"住房消费套保效应"，使住房资产风险－收益之间表现出"高风险低收益"关系。

---

① 将住房资产收益率进行对数化转换，即 $r_{t+1} = \ln R_{t+1} = \ln[P_{t+1}(1-\delta) + Q_{t+1}] - \ln P_t$，风险为对数化转换后的住房资产收益率的方差，即 $\sigma_{r,t}^2 = VAR_t(r_{t+1})$。

"金融风险效应"和"住房消费套保效应"的基本思想如下。首先，金融风险效应。房价变动和基准商品跨期边际替代率负相关（$\rho_{PM} < 0$）的假定和传统的消费资本资产定价模型是一致的，在住房市场上也得到一定的实证研究支持（Davidoff，2006）。$\rho_{PM} < 0$ 意味着预期收益率上升时，基准消费的跨期边际替代率 M_{t+1} 下降，而消费的边际效用递减，M_{t+1} 下降意味着未来基准消费上升。风险厌恶的投资者也厌恶消费的不确定性，但此时预期收益率与未来基准消费同步变动，房价风险引起了家庭基准商品消费的波动，风险厌恶的投资者需更高的预期收益补偿才愿意持有住房资产，住房资产风险 - 收益之间呈现"高风险高收益"关系，即传统意义上的金融风险效应。其次，住房消费套保效应。房价变动与租金变动正相关（$\rho_{PQ} > 0$）的假定也得到了一定的实证研究支持（Meese and Wallace，1994；Sinai，2009）。房价风险大时租金风险也大，拥有住房所有权则提供了对冲租金风险、稳定未来住房消费的功能，这会激励市场的购房意愿，抬高当期房价，住房资产预期收益下降，即高风险只需低预期收益补偿。直观地，租房住的家庭须支付房租才能获得居住服务进行住房消费，当租金波动时就面临租金风险，如果购买住房拥有了住房所有权，不用再支付租金就能享受居住服务，未来居住服务消费的租金风险被有效对冲了。[①] 住房消费套保效应使住房资产风险 - 收益之间呈现"高风险低收益"关系。

因此，住房资产的风险 - 收益关系取决于金融风险效应和住房消费套保效应二者的相对大小。不同区域住房市场存在异质

---

① 拥有住房所有权的家庭不用再直接支付租金就能享受自有住房提供的居住服务，但也会面临租金风险。拥有住房所有权的家庭相当于将住房出租给自己，支付了"隐性租金"，隐性租金是家庭未能在住房市场上出租住房的机会成本。

性，对冲激励（Hedging Incentives）强弱有异。在对冲激励弱的市场上，住房资产风险－收益关系中金融风险效应占主导地位，表现为"高风险高收益"关系。而在对冲激励强的市场上，住房消费套保效应将削弱"高风险高收益"关系，使风险－收益关系表现为不显著。极端地，当市场对冲激励足够强时，住房消费套保效应占主导地位，将逆转传统的"高风险高收益"关系，使住房资产的风险－收益表现为"高风险低收益"关系。这构成了本章的检验假设1。

假设1：在对冲激励弱的市场上住房消费套保效应小，住房资产类似于其他金融资产，其风险－收益之间表现为"高风险高收益"关系；在对冲激励强的市场上住房消费套保效应大，住房资产的风险－收益关系可能不明显，甚至表现为"高风险低收益"关系。

（二）住房市场增长类型与供给弹性

前述是在假定住房供给外生给定的情形下，对金融风险效应和住房消费套保效应进行分析。两种效应的相对大小不仅取决于市场对冲激励的强弱，也受到房价和租金调整程度的影响。在面临需求冲击下，住房市场也可能发生相应变化，特别是存在大量新建住宅的中国住房市场上。这会直接关系到房价和租金的调整程度，与 Lucas（1978）假定金融资产供给外生给定不同。因此，需要进一步考察住房供给变化情况下上述两种效应的相对大小及其对住房资产风险－收益关系的影响。

与多数金融资产不同，住房供给包含存量供给和新增供给两部分，存量供给无弹性，新增供给有一定弹性。如图6－1中折线 SAG 所示，S 为当期住房存量，供给曲线在住房价格恰好等于新增住房供给最低边际成本 A 处扭折。假设初始住房需求为 D，

初始均衡在 A，当期住房存量恰好以最高均衡价格 P 满足了住房需求。房价风险会引起家庭对冲租金风险、套保未来住房消费的购房需求，需求曲线右移，房价上升程度和住房消费套保效应的大小取决于新增住房供给弹性；同时，房价风险也会引起风险厌恶家庭降低购房需求，需求曲线左移，房价沿着垂线段 AS 下降，金融风险效应的大小不受新增住房供给弹性影响。

在忽略折旧的情况下，结合当期住房存量和住房需求的相对大小，本章将住房市场分为上升市场和下降市场两种类型：图 6-1 中需求曲线为 D' 时反映的是上升市场情形，此时，在当前价格 P 处住房的需求量为 $S1$，大于现有住房存量 S；图 6-1 中需求曲线为 D'' 时反映的是下降市场情形，此时，在当前价格 P 处住房需求量为 $S2$，小于现有住房存量 S。[①] 在上升市场上，租金上行强化了市场对冲激励，刺激家庭购房需求，住房消费套保效应显著。而在下降市场上，家庭可能对下行的租金无须担心，不存在明显的对冲激励，住房消费套保效应不明显，仅表现出金融风险效应，住房资产风险 - 收益类似于传统金融资产的"高风险高收益"关系。

在上升市场上，新增住房供给弹性左右了房价的调整程度，进而影响了住房消费套保效应的大小。图 6-2 中折线 SAG 和 SAH 为住房市场供给曲线，其中 AG 比 AH 更陡峭，AG 对应的新增住房供给弹性更小。房价风险增大时，住房的租金风险也增大，市场对冲激励刺激购房需求，需求曲线右移。新增住房供给 AG 弹

---

① Han (2013) 进一步把上升市场分为快速上升和慢速上升两种市场增长类型，并分析了存在住房折旧的情况，由于慢速上升市场假设初始均衡点位于 SA 垂线段上某一点，这与中国每年存在大量新增住房供给的情形有所出入。因此，本章只对初始均衡位于 A 点时进行讨论。

性较小时，住房消费套保效应下住房需求的增加对新增住房供给量的影响较小，更多地体现为房价和租金的上升，如图 6－2 中 C 点所示。此时，在住房资产风险－收益关系中住房消费套保效应更强。新增住房供给 AH 弹性较大时，住房消费套保效应下住房需求的增加更多地转化为新增住房供给量的增加，而非房价和租金的上升，如图 6－2 中 F 点所示。此时，在住房资产风险－收益关系中住房消费套保效应相对较弱。这构成了本章的检验假设 2。

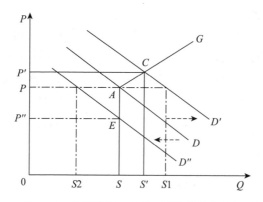

图 6－1 市场增长：上升、下降的住房市场

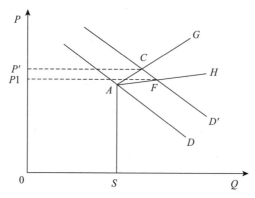

图 6－2 不同新增住房供给弹性的上升市场

假设 2：对冲激励强的上升市场上，住房消费套保效应更显著，住房资产风险－收益更可能呈现"高风险低收益"关系；对冲激励强的上升市场中，新增住房供给弹性小的市场上住房消费套保效应更显著，住房资产风险－收益关系更可能呈现"高风险低收益"关系。

三　数据与变量

本章采用全国 70 个大中城市 2006～2011 年的相关数据，实证识别住房消费套保效应对住房市场风险－收益关系的影响机制。数据主要来源于 70 个大中城市住宅销售价格指数、各省份 2010 年的人口普查资料、2005 年 1% 人口抽样调查资料、各省份统计年鉴、《中国区域经济统计年鉴》及部分城市统计公报等。主要变量的构造及数据情况如下。

（一）预期收益和风险

住房预期收益和风险之间的关系是本章研究的核心。衡量预期收益率 Return 的关键在于预期的形成方式。预期的形成方式包括近视预期（迪帕斯奎尔、惠顿，2002）、理性预期、半理性预期（Muellbauer and Murphy，1997）等。Sinai 和 Souleles（2005）采用近视预期法，运用前 9 年住房资产收益率的平均值代表当期预期值，风险则是对应时期的样本标准差。周京奎（2012）的研究也采用近视预期法。本章采用近视预期法衡量预期收益率。具体地，先基于 70 个大中城市住宅销售价格环比指数构造住房资产收益率，即月度住房资产收益率 ＝（新建住宅价格环比指数 － 100）%，然后用过去 12 个月的月度收益率均值衡量当期的预期收益率 Return。以过去 12 个月的月度收益率的标准差衡量

当期风险 *Risk*。[①]

（二）对冲激励

住房消费套保效应是住房消费属性影响住房资产风险 – 收益关系的核心机制，住房消费套保效应的大小在很大程度上取决于市场对冲激励的大小。对冲激励的大小源自不同住房市场上众多有不同对冲租金风险倾向，即对冲倾向（Hedging Propensity）的家庭构成的差异。[②] 具有对冲倾向的家庭越多，则住房市场上会表现出越大的对冲激励。

关于家庭对冲倾向的度量，不同文献考虑的因素不尽相同。Sinai 和 Souleles（2005）主要从以下两方面衡量。一是家庭预期要在某地居住的时间，预期居住时间越长租金风险越大，家庭的对冲倾向则越大。在这个意义上，年轻家庭对冲租金风险的倾向较大。二是计划移居的目标市场与现居市场间的相关程度，两市场间的房价或租金相关程度越高，家庭的对冲倾向越大。实证研究也表明两地住房市场相关程度越高家庭对冲倾向越大（Paciorek and Sinai，2012）。Han（2010）也认为目标市场与现居市场间的相关程度是影响对冲倾向的重要因素，与 Sinai 和 Souleles

---

[①] 70 个大中城市住宅价格指数中既包括新建住房的价格指数，也包括二手住宅的价格指数。值得注意的是，从 2011 年开始，"70 个大中城市住宅销售价格指数"包含"新建住宅价格指数"和"新建商品住宅价格指数"两个有关新建住房的价格指数，而 2006 ~ 2007 年只有"新建商品住宅价格指数"，2008 ~ 2010 年只有"新建住宅价格指数"。通过对比 2011 ~ 2012 年的"新建住宅价格指数"和"新建商品住宅价格指数"，笔者发现二者的环比指数基本上是一致的。因此，本章"新建住宅价格指数"是"新建商品住宅价格指数"和"新建住宅价格指数"的统称，没有再加以区别。

[②] 对冲激励与对冲倾向二者的基本内涵是一致的，区别在于针对的主体不一样，前者是针对住房市场，后者是针对家庭。

(2005) 不同的是，他基于家庭的改善性住房需求，认为家庭搬迁到一个更大住房的可能性越大家庭的对冲倾向越大。

基于上述与家庭对冲倾向大小有关的因素的分析，本章借鉴 Han (2013) 通过定义一个反映对冲激励大小的虚拟变量 *Hedge* 来衡量住房市场对冲激励的大小。本章运用各城市 25 ~ 45 岁人口占常住人口比例（25 ~ 45 岁人口占比），以及各城市现有常住人口中五年前也在本市的人口占比（五年前人口占比）两个维度来综合衡量各城市住房市场上对冲激励的大小。25 ~ 45 岁人口占比较大的城市，人口结构偏于年轻化，住房市场上年轻家庭较多，而年轻家庭预期将要在该城市居住的时间会比较长；同时，25 ~ 45 岁人口占比较大的城市，家庭购置首套或二套房的比例也较高，将来改善住房的可能性也较大。① 另外，各城市现有常住人口中五年前也在本市的人口占比反映了住房市场间的相关程度，毕竟，相关程度最大的市场是同一住房市场。五年前人口占比较高的城市反映了家庭迁往其他城市的可能性较低，搬迁可能主要发生在同一城市的住房市场。② 具体

---

① 孙玉环（2009）将家庭生命周期分为离巢期（未婚青年独自居住）、初婚期（新婚夫妇未生育子女）、满巢期（与子女共同居住）、空巢期（子女离开家庭）和鳏寡期（丧偶独居），将住房消费历程分为租住阶段期、首次置业期、住房进阶期（二次置业或以上）、原有住房出售或出租。她的实证研究发现，处于离巢期和初婚期的家庭购房可能性最大，而处于满巢期的家庭是住房市场的主力军。

② 上述有关对冲激励大小的两个因素均涉及城市常住人口结构，数据来源于各省（市）2010 年人口普查资料，以及各省（市）2005 年 1% 人口抽样调查资料。每个城市可得 2005 年和 2010 年 25 ~ 45 岁人口占比数据，书中以每个城市 2005 年的相应数据作为该城市 2006 ~ 2007 年 25 ~ 45 岁人口占比，以 2010 年的相应数据作为该城市 2008 ~ 2011 年 25 ~ 45 岁人口占比。五年前人口占比由"五年前常住地在省（市）内"人口占比城市常住人口的比例来近似代替；另外，由于 2005 年人口抽样调查资料缺少相应调查项目，所以 2006 ~ 2011 年各市五年前人口占比均用 2010 年人口普查资料中相应数据计算，五年前人口占比为非时变的变量。

地，本章中对冲激励虚拟变量 *Hedge* 定义为：城市中 25 ~ 45 岁人口占比超过样本 75% 分位数时 *Hedge* 1 = 1，否则为 0；城市中五年前人口占比超过样本 25% 分位数时 *Hedge* 2 = 1，否则为 0；*Hedge* 1 与 *Hedge* 2 同时为 1 的城市对冲激励较大，相应地 *Hedge* = 1，否则为 0，*Hedge* 为时变的虚拟变量。[①]

（三）市场增长类型与供给弹性

1. 市场增长类型

前面的分析将住房市场分为上升市场和下降市场两种增长类型。当前价格水平下住房存量小于需求量、房价租金上行的市场为上升市场。本章依据 70 个大中城市的 "房屋租赁价格指数－住宅" 计算 2005 ~ 2010 年各个城市的名义租金累计增长率，来区分住房市场的增长类型。[②] 70 个大中城市 2005 ~ 2010 年的名义租金累计增长率最大值为 54.8%（唐山），最小值为 0.1%（长春），中位数为 16.1%（金华），25% 分位数为 8.8%（泸州）。考虑到 2005 ~ 2010 年居民消费价格指数的累计增长率为 15.5%，本章采用 70 个大中城市 2005 ~ 2010 年的名义租金累计增长率的 25% 分位数即 8.8%，作为区分上升市场与下降市场的临界点。2005 ~ 2010 年名义租金累计增长率大于或等于 8.8%，也就是实际租金累计增长率大于或等于 – 6.7% 的城市，本章将之界定为上升市场；而实际租金累计增长率小于 – 6.7% 的城市，

[①]　两项指标分位数的划定，本章借鉴 Han（2013）的划定办法。

[②]　本章从国泰安系列研究数据库中获得 70 个大中城市（缺北海、惠州、襄樊）2005 ~ 2010 年的 "房屋租赁价格指数－住宅" 的 12 月同比数据，据此推算出 70 个大中城市 2005 ~ 2010 年的名义租金累计增长率。

则将之界定为下降市场。① 相应地，市场为上升时虚拟变量 *growing* = 1，下降时 *growing* = 0。

2. 供给弹性

根据前面的理论分析，在上升市场上，新增住房供给弹性对住房消费套保效应的大小有影响。本章借鉴刘洪玉和杨帆（2012）对 70 个大中城市（缺湛江、惠州、大理）住房市场存量弹性的排序对住房市场进行界定。② 变量 *supstock* 反映了 67 个城市新增住房供给弹性的排序，排序在 1～35 的城市，供给弹性较小，其余城市供给弹性较大。其中，供给弹性最小的 5 个城市分别为襄樊、牡丹江、泉州、昆明、洛阳，供给弹性最大的 5 个城市分别为宜昌、沈阳、丹东、泸州、吉林。

（四）其他控制变量

关于住房市场风险 - 收益关系的研究，通常还需要控制相应的社会经济变量，以排除其他因素的干扰和增强结论的稳健性。借鉴 Cannon 等（2006）、Case 等（2011）和 Han（2013）等文献的做法，本章设置了如下控制变量反映城市社会经济状况的差异：城市常住人口总数 *Pop* 及其增速 *VPop*、人均收入 *Inc* 及其增速 *VInc*。③

---

① 本章也对住房市场上升与下降的区分采用过另一临界点，即名义租金累计增长率，恰好等于居民消费价格指数的累计增长率 15.5%。在此定义下，29 个城市为下降市场，38 个城市为上升市场，回归结论仍然支持前述假设。

② 刘洪玉和杨帆（2012）中"存量弹性"与本章"新增住房供给弹性"类似，反映住房新增建设量水平，他们也对反映生产要素在建设部门与其他部门间调整难度的"流量弹性"进行了计算。

③ $VPop = \dfrac{Pop_{t+1} - Pop_t}{Pop_t}, VInc = \dfrac{Inc_{t+1} - Inc_t}{Inc_t}$，人均收入为城镇居民人均可支配收入与农村居民人均纯收入的加权平均，权数为城镇化率（城镇人口占常住人口的比例）。

四　实证分析

（一）主要变量的描述性统计分析

表 6－1 是本章主要变量的描述性统计。70 个大中城市 2006～2011 年月平均预期收益率 *Return* 为 0.411%，年平均预期收益率约为 5.045%。以月度收益率的标准差度量的风险 *Risk* 的样本均值为0.649，最大值为 8.294，最小值为 0.0289。25～45 岁人口占常住人口比例 *youngshare* 的均值为 34.3%，占比最大的城市为 2010 年的深圳（50.8%）。现有常住人口中五年前也在本市的人口占比*migrate* 最大的城市为 2010 年的平顶山（99.7%）。70 个大中城市2006～2011 年城市常住人口 *Pop* 平均为 657.7 万人，常住人口最多的城市为 2011 年的重庆（2919 万人），最少的城市为 2006 年的三亚（53.60 万人）。城市常住人口增速 *VPop* 平均约为 2%，增速最快的城市为 2010 年的厦门，超过了 40%，有的城市出现了常住人口负增长，如某些年份的安庆、蚌埠，不同城市常住人口变动的差异较大。人均收入 *Inc* 平均为 13368 元，最高的城市为 2011 年的上海（34036 元），最低的城市为 2006 年的大理（4437 元），城市间的经济发展水平差异较大。人均收入增速 *VInc* 平均为 13.9%，增速最大的城市为 2010 年的唐山（32.4%），增速最小的为负增长（－8.93%），城市间人均收入增速的差异也较大。

表 6－1　主要变量的描述性统计（70 个大中城市 2006～2011 年）

变量	样本个数	样本均值	样本标准差	最小值	最大值
Return（%）	4967	0.411	0.514	－1.700	4.400
Risk	4967	0.649	0.651	0.0289	8.294

续表

变量	样本个数	样本均值	样本标准差	最小值	最大值
youngshare（%）	5496	34.3	3.67	23.4	50.8
migrate（%）	5880	0.936	0.0739	0.602	0.997
Hedge 1	5496	0.258	0.437	0	1
Hedge 2	5880	0.757	0.429	0	1
Hedge	5496	0.0611	0.240	0	1
Pop（万人）	4884	657.7	448.7	53.60	2919
VPop（%）	4032	2.02	4.08	-7.34	40.1
Inc（元）	4428	13368	5609	4437	34036
VInc（%）	3588	13.9	4.29	-8.93	32.4
growing（市场增长类型）	5628	0.761	0.426	0	1
supstock（供给弹性）	5628	34	19.34	1	67

本章以成都、长沙、南京、深圳四个城市为例，直观考察住房资产风险 - 收益可能出现的关系。表6 - 2是四个城市的预期收益率和风险的简单描述统计，图6 - 3是四个城市住房预期收益率与风险的散点图和线性拟合。表6 - 2中，预期平均收益率深圳最低，其风险却是最高的。在图6 - 3中，四个城市的

表 6 - 2　四个城市的住房资产风险 - 收益描述性统计（2006 ~ 2011 年）

城市	成都		长沙	
	均值	最小/最大值	均值	最小/最大值
预期收益率（%）	0.280	-0.308/0.775	0.564	-0.100/1.592
风险	0.396	0.124/0.862	0.738	0.215/1.272

城市	南京		深圳	
	均值	最小/最大值	均值	最小/最大值
预期收益率（%）	0.272	-0.533/1.183	0.215	-1.700/1.258
风险	0.628	0.176/1.218	0.928	0.159/2.341

Return/Risk 排序从大到小依次为成都、长沙、南京、深圳。成都、长沙两个住房市场的预期收益率与风险正相关，与传统的"高风险高收益"关系一致。南京住房市场的预期收益率与风险没有呈现明显的相关关系，线性拟合线接近水平，风险对预期收益率没有解释力。而深圳住房市场预期收益率与风险的线性拟合线则明显下倾。接下来，本章就住房消费套保效应对住房资产风险－收益关系的影响进行严谨的实证检验。

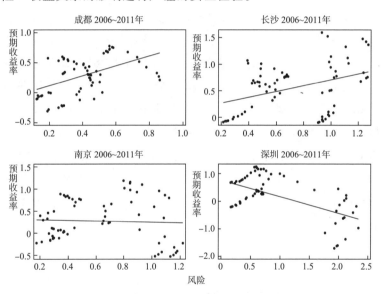

图 6－3　四个城市住房资产风险－收益关系拟合

（二）计量模型

本章采用的基本面板数据回归模型如下：

$$Return_{it} = \beta_1 Risk_{it} + \beta_2 Hedge \times Risk_{it} + X_{it}^{'} \beta_3 + \mu_i + \eta_t + \varepsilon_{it} \quad (6-6)$$

其中，*Return* 为住房市场预期收益率，*Risk* 是以月度收益率的标准差反映的风险。*Hedge* 为反映住房消费套保效应强弱的对冲激励虚拟变量,$Hedge = 1$ 时市场上对冲激励较大,$Hedge = 0$ 则市场上缺乏对冲激励。模型中没有加入 $Hedge$ 与 $Risk$ 的交叉项 $Hedge \times Risk$ 时,参数 β_1 代表传统意义上的住房资产风险 – 收益关系,衡量把住房仅视为投资品时预期收益率与风险间的关系。在模型中添加对冲激励虚拟变量 $Hedge$ 和风险 $Risk$ 的交叉项 $Hedge \times Risk$ 时,可以分离出住房投资和消费属性对应的金融风险效应和住房消费套保效应。此时,参数 β_1 代表住房投资属性所对应的风险 – 收益关系,也就是我们前面所定义的金融风险效应,预期估计符号为正;参数 β_2 反映分离出的住房消费套保效应,预期估计符号为负。此时,β_1 与 β_2 两者之和则反映了在考虑到消费属性时住房资产完整的风险 – 收益关系。如果住房消费套保效应足够大,风险对预期收益率的影响,即 β_1 与 β_2 之和可能接近于 0,甚至为负。本章的控制变量 X 包括对冲激励虚拟变量 $Hedge$,城市常住人口总数 Pop、常住人口增速 $VPop$,城市人均收入 Inc 及人均收入增速 $VInc$。采用控制市场异质性和时间异质性的双维固定效应模型进行估计,其中 μ_i 和 η_t 分别为城市和时间的虚拟变量。

（三）回归分析

1. 住房消费套保效应和住房资产风险 – 收益关系的全样本回归分析

表 6 – 3 是预期收益率和风险关系及住房消费套保效应的全样本回归分析结果。模型 1 仅以风险变量 $Risk$ 作为解释变量,参数 β_1 主要考察传统意义上的预期收益率与风险的关系。模型 2 引入交叉项 $Hedge \times Risk$,识别住房消费套保效应及其对住房资产风险 – 收益关系的影响,此时,参数 β_1 反映金融风险效应、β_2 反映住房消费套保效应。模型 3 在此基础上添加了城市常住人口

和人均收入等城市经济因素控制变量。最后，模型 4 采用 Driscoll 和 Kraay（1998）对异方差、序列相关和截面相关稳健的方法重新估计基本回归模型。研究发现的基本结论如下。

表 6 – 3　住房资产风险 – 收益关系和住房消费套保效应的全样本回归分析

	模型 1	模型 2	模型 3	模型 4
	Return	*Return*	*Return*	*Return*
Risk	0.3754*** （0.0078）	0.3852*** （0.0078）	0.4463*** （0.0084）	0.4463*** （0.0374）
Hedge × Risk		– 0.3918*** （0.0622）	– 0.5301*** （0.0855）	– 0.5301*** （0.0720）
Pop			– 0.0002 （0.0002）	– 0.0002 （0.0002）
Inc			– 4.00e – 06 （7.14e – 06）	– 4.00e – 06 （0.000013）
VPop			– 0.0936 （0.1627）	– 0.0936 （0.1956）
VInc			– 0.9001*** （0.1523）	– 0.9001*** （0.2354）
Hedge		0.1525*** （0.0583）	0.2423*** （0.0680）	0.2423*** （0.0746）
_cons	0.4346*** （0.0507）	0.5222*** （0.0534）	0.7273*** （0.1090）	0.7273*** （0.1585）
N	4967	4815	3399	3399
R^2	0.684	0.689	0.719	0.719

注：括号内数字为标准误（Standard Error），*、**、*** 分别代表在 10%、5%、1% 的水平下显著。模型 1~4 均为控制了城市和时间固定效应的面板回归估计结果。模型 4 参数估计的标准误是在控制了异方差、序列相关和截面相关基础上的稳健标准误。其中反映城市和时间固定效应的虚拟变量数目较多，没有报告，如果读者感兴趣笔者乐意提供。

（1）住房预期收益率和风险之间存在显著的金融风险效应，二者正向相关，与其他金融资产一致，住房的投资属性要求高风险需高收益进行补偿。模型 1 中参数 β_1 代表传统的住房资产风险－收益关系，估计值为 0.3754，在 1% 的水平下统计显著，反映出仅将住房看作投资品时，遵循传统的"高风险高收益"关系。在影响效应大小上，β_1 的估计值为 0.3754，介于 Crone 和 Voith（1999）、Cannon 等（2006）关于住房风险对预期收益率影响参数的估计值 0.41 和 0.25 之间。β_1 估计值为 0.3754 意味着风险增大一个标准差时，月度预期收益率增大 0.244%（0.651×0.3754%）以补偿增大的风险，年度预期收益率增大约为 2.97%。

模型 1 中，仅考虑住房资产的投资属性，住房资产风险－收益关系类似于其他金融资产，但这掩盖了消费属性对住房资产风险－收益关系的影响。模型 2 ~ 4 则考虑到消费属性，在分离出对应住房消费属性的住房消费套保效应后，住房投资属性对应的金融风险效应均在 1% 的水平下显著为正，参数 β_1 的估计值在 0.385 ~ 0.450，表现出较好的稳健性。可见，若仅考虑住房的投资属性，金融风险效应使高风险需要高收益进行补偿，与其他金融资产是一致的。

（2）住房预期收益率和风险间存在显著的住房消费套保效应，在对冲激励强、住房消费套保效应大的市场上，住房消费套保效应缓解甚至逆转传统的"高风险高收益"关系。在模型 2 ~ 4 引入对冲激励虚拟变量与风险交叉项 $Hedge \times Risk$，以识别和分离住房消费套保效应。在模型 2 中，β_2 估计值为 -0.3918 且在 1% 的水平下统计显著，对冲激励强的市场上住房消费套保效应显著，β_1 与 β_2 的估计值之和为 -0.0066，住房消费套保效应几乎完全抵消了"高风险高收益"的关系，综合表现为预期收益率

对风险并不敏感。这和周京奎（2012）关于"市场风险对住宅
权属选择具有正向影响但统计不显著"的结论相似。模型3中 β_1
和 β_2 的估计值仍然统计显著，符号相反，二者之和为 －0.0838。
风险增大一个标准差时，月度预期收益率反而减小 0.055%
（0.651×0.0838%），年度预期收益率减小约 0.658%。模型4
的估计结果和模型3完全一致，只是标准误略有增大，但仍在
1%的水平下统计显著。[①] 上述全样本分析意味着，在那些"25～
45岁人口占比较大"且"现有常住人口中五年前也在本市的人
口占比较大"的城市中，住房市场上对冲租金风险的激励较强，
住房消费套保效应显著，缓解甚至逆转了传统意义上的"高风险
高收益"关系。在这样的市场上，如果房价和租金的波动或震荡
加剧，市场的购房需求不会下降，当期房价也不容易下跌，甚至
可能逆势上涨。这里的发现验证了本章前述假设1。

　　在城市宏观经济环境方面，城市常住人口总数 Pop、城市人
均收入 Inc 与常住人口增速 $VPop$ 的影响在统计上不显著。另外，
城市人均收入增速 $VInc$ 对预期收益率的影响显著为负，与 Crone
和 Voith（1999）、Cannon 等（2006）及 Han（2013）得出的显
著正向影响相反。可能是家庭基于收入增速对未来房价有一个心
理价位，当前房价上升较快而在家庭的心理价位不变的情况下，
预期收益率反而下降。

2. 市场增长类型与住房消费套保效应

　　现在分别考察上升、下降市场的住房消费套保效应和住房资
产风险－收益关系。回归结果见表6－4，发现的主要结论如下。

[①]　模型4中参数估计的标准误为稳健标准误，而稳健标准误通常大于一般标
准误。

表6－4　上升、下降市场的住房消费套保效应和
住房资产风险－收益关系

	上升市场回归1	上升市场回归2	下降市场回归1	下降市场回归2
	Return	*Return*	*Return*	*Return*
Risk	0.4493*** (0.0317)	0.4573*** (0.0312)	0.1781* (0.0975)	0.1803* (0.0947)
Hedge × Risk		-0.5284*** (0.0801)		0.4734*** (0.1296)
Pop	0.0000356 (0.0003)	0.0001 (0.0002)	-0.0023*** (0.0008)	-0.0025*** (0.0008)
Inc	4.78e-06 (1.26e-05)	1.08e-06 (1.33e-05)	0.0001* (0.0000319)	0.000035 (0.0000253)
VPop	-0.1209 (0.1858)	-0.1974 (0.1946)	0.6220 (0.5053)	0.6573 (0.5082)
VInc	-0.7176*** (0.2098)	-0.6941*** (0.2057)	-2.5900*** (0.3621)	-2.8440*** (0.3737)
Hedge		0.2786*** (0.0819)		-0.4037*** (0.1154)
_cons	-0.1040 (0.6182)	-0.1738 (0.6126)	1.7906*** (0.3190)	2.0447*** (0.3565)
N	2595	2555	736	712
R^2	0.759	0.766	0.698	0.704

注：括号内数字为标准误，*、**、*** 分别代表在10%、5%、1%的水平下显著。上述均为控制了城市和时间固定效应的面板回归估计结果，参数估计值的标准误是在控制了异方差、序列相关和截面相关基础上的稳健标准误。表6－5类同。

（1）上升、下降市场都存在显著的金融风险效应，住房资产风险－收益正向相关，且上升市场中预期收益率对风险更加敏感。表6－4中上升市场回归1与上升市场回归2中参数 β_1 估计值分别为0.4493与0.4573，均在1%的水平下统计显著，而下降市场回归1与下降市场回归2中参数 β_1 估计值分别为0.1781

与 0.1803，分别小于上升市场回归 1 与上升市场回归 2 的估计值。在上升市场中，从住房资产投资角度而言，家庭对房价风险要求更高的预期收益进行补偿。

（2）在上升市场中，对冲激励强的城市住房消费套保效应更明显，风险与预期收益率之间更易呈现负相关关系；但在下降市场中，不存在住房消费套保效应。在上升市场回归 2 中，$Hedge \times Risk$ 的系数 β_2 估计值为 -0.5284，显著为负。但是，在下降市场回归 2 中，β_2 估计值为 0.4734，显著为正。这意味着在住房存量小于需求量、房价租金呈上升趋势的市场上，如果"25～45 岁人口占比较大"且"现有常住人口中五年前也在本市的人口占比较大"，对冲租金风险的激励较强，则住房消费套保效应显著存在，住房预期收益率与风险之间更易呈现负相关关系。而在那些住房供过于求的下降市场上，下行的租金并不会令家庭担忧，不需要购买住房以对冲租金风险，住房消费套保效应并不存在。这验证了前面假设 2，也和 Han（2013）的结论相似。

3. 供给弹性与住房消费套保效应

在上升市场中，本章进一步分别考察不同供给弹性市场上住房消费套保效应及住房资产风险－收益关系。估计结果见表 6－5，发现的主要结论如下。

（1）上升市场中都存在显著的金融风险效应，供给弹性小的上升市场中预期收益率对风险更加敏感。小弹性回归 1 和小弹性回归 2 中参数 β_1 估计值分别为 0.4590 和 0.4644，均在 1% 的水平下统计显著。而大弹性回归 1 和大弹性回归 2 中参数 β_1 估计值分别为 0.2990 和 0.3212，分别小于小弹性回归 1 和小弹性回归 2 的估计值。因此，在供给弹性小的上升市场上，从住房投资角度而言，家庭对房价风险要求更高的预期收益进行补偿。

（2）供给弹性小的上升市场上，住房消费套保效应更显著，风险与预期收益率之间的负相关关系更明显。小弹性回归2中，$Hedge \times Risk$ 的系数 β_2 估计值为 -0.7621，绝对值不仅大于大弹性回归2的 -0.3159，也大于表6-4中上升市场的对应参数估计值 -0.5284。在考虑了住房消费套保效应后，在供给弹性小的上升市场上，住房资产风险-收益关系的系数估计值为 -0.2977（$0.4644-0.7621$），绝对值远大于表6-4上升市场上的该系数估计值 -0.0711（$0.4573-0.5284$）。风险增大一个标准差时，月度预期收益率减小约0.19%，年度预期收益率减小约2.26%；在供给弹性较大的上升市场上，住房资产风险-收益关系的系数估计值为 0.0053（$0.3212-0.3159$），住房资产的预期收益率对风险并不是很敏感。这意味着在土地供给紧张、新增住房供给弹性较小的城市或地区，如果对冲租金风险的激励较强，"25~45岁人口占比较大"且"现有常住人口中五年前也在本市的人口占比较大"，则住房消费套保效应更显著，住房预期收益率与风险之间的负相关关系更明显。这样的市场上如果房价和租金的波动或震荡加剧，市场的购房需求不但不会下降，反而会上升，当期房价不但不会下跌，更可能是逆势上涨。这里的发现验证了我们的假设2，和Han（2013）的发现相似。

表6-5　不同供给弹性上升市场的住房消费套保效应和
住房资产风险-收益关系

	小弹性回归1	小弹性回归2	大弹性回归1	大弹性回归2
	Return	*Return*	*Return*	*Return*
Risk	0.4590***	0.4644***	0.2990**	0.3212**
	(0.0290)	(0.0275)	(0.1050)	(0.1213)
Hedge × Risk		−0.7621***		−0.3159**
		(0.1705)		(0.1133)

	小弹性回归1	小弹性回归2	大弹性回归1	大弹性回归2
	Return	*Return*	*Return*	*Return*
Pop	0.0003 (0.0004)	0.0005 (0.0004)	−0.0007 (0.0004)	−0.0010* (0.0005)
Inc	0.000013 (0.0000134)	7.74e−06 (1.3e−05)	0.0001** (0.0000251)	0.0001** (0.0000325)
VPop	0.3513 (0.3177)	0.2797 (0.3033)	−0.1632 (0.2426)	−0.0854 (0.2513)
VInc	−1.2599*** (0.2662)	−1.2195*** (0.2644)	−0.5312 (0.5595)	−0.6513 (0.5780)
Hedge		0.4223** (0.1578)		0.1125 (0.0859)
_cons	−0.5247 (0.9117)	−1.2617 (0.9865)	−0.0713 (0.4060)	0.0661 (0.4120)
N	1523	1509	952	938
R^2	0.813	0.819	0.607	0.607

五　本章小结

兼具投资和消费属性的住房，是否如传统金融资产那样，高风险需高收益补偿？本章在考虑住房投资和消费双重属性基础上，借鉴 Sinai 和 Souleles（2005）、Han（2010，2013）对住房所有权对冲租金风险、套保住房消费功能的研究，采用中国 70 个大中城市 2006～2011 年住宅销售价格指数及相关数据，运用固定效应模型实证识别了住房资产风险－收益关系中作用方向截然相反的金融风险效应和住房消费套保效应以及住房消费套保效应对住房资产风险－收益关系的影响。研究发现的主要结论如下。

（1）中国住房市场存在显著的金融风险效应，风险增大一个标准差时，住房资产年度预期收益率增大约2.97%。这意味着如果仅考虑住房的资产投资属性，房价风险增大时，风险厌恶的投资者会减持房产或要求更高的预期收益才肯持有住房资产。

（2）中国住房市场存在显著的住房消费套保效应，在对冲激励强的市场上，显著的住房消费套保效应缓解甚至逆转了传统的"高风险高收益"关系，表现为预期收益率与风险微弱负相关，风险增大一个标准差时，年度预期收益率减小约0.658%。这意味着在25~45岁人口占比较大、现有常住人口中五年前也在本市的人口占比较大的市场上，由于房价风险高时租金风险通常也较高，风险厌恶的家庭对冲租金风险、套保住房消费的购房需求效应明显，家庭宁肯放弃预期收益补偿也愿意持有住房资产，显著的住房消费套保效应缓解甚至逆转了住房资产风险－收益之间传统的"高风险高收益"关系。

（3）在供不应求特别是住房供给弹性小的上升市场上，住房消费套保效应更显著，预期收益率与风险呈现较强负相关，风险增大一个标准差时，年度预期收益率减小约2.26%。但在供大于求、实际租金下行的下降市场上，不存在明显的住房消费套保效应。这意味着在土地供给紧张、新增住房供给弹性小的城市或地区，如果25~45岁人口占比较大、现有常住人口中五年前也在本市的人口占比较大，市场对冲租金风险的激励也较强，则住房消费套保效应更显著，住房预期收益率与风险之间的负相关关系更明显。这样的市场上如果房价和租金的波动或震荡加剧，房价不但不会下跌，更可能是逆势上涨。

本章的研究具有丰富的政策含义。第一，年轻人占比更高且长期定居人口占比更大的城市，对冲租金风险、套保未来住房消费的购房激励更大。因此，对住房市场采取的政策，应考虑各地住房市场的人口年龄结构等异质性特征。第二，廉租房和公租房可以有效降低租金风险，削弱对冲激励。因此，可考虑加快对廉租房与公租房的并轨推进，完善其定价机制及租金动态调整机制，缓解低收入家庭的房租压力，充分发挥其对冲租金风险的功能。第三，加大供不应求上升市场中保障性住房的推出力度，提高保障性住房的市场灵敏度，降低房价和租金的上涨预期，也是重要的举措。第四，根除房价上涨源于投机的单向思维，有的市场可能仅仅是家庭对冲租金风险、套保未来住房消费的"无奈之举"导致了这种结果。

第七章
结　语

本章在前面几章所进行理论分析以及实证研究的基础之上，对有关中国流动人口对住房市场影响的主要结论做出总结，之后提出若干建议，供政府制定政策、企业和家庭做出决策时应用。

一　有关中国流动人口以及住房市场的
主要结论

（一）因享用的基本公共服务不均等，外来人口在流入地面临较高的定居成本

外来人口在其流入地城市中通常更倾向于选择租房居住这一住房模式。较低的收入可能是外来人口选择租房居住的原因之一，但是即使拥有与本地居民一样的收入及财富，外来人口仍然倾向于在流入地城市选择租房居住。部分原因可以归结为：外来人口在进行住房模式选择时，面临与本地居民不同的价格。现行户籍制度下，许多医疗、教育、养老等基本公共服务与户口挂钩，外来人口与本地居民间享用的基本公共服务并不均等。与本地居民相比，在享用同样的基本公共服务时，外来人口面临更高的"价格"，需要支付更高的成本。因此，若外来人口想要购房并在流入地定居生活，势必面临较高的定居成本。较高的定居成本使外来人口更加倾向于在流入地城市租房居住而在其流出地购

房。对于有能力在城镇定居的外来人口来说，较高的定居成本成为其在流入地进行定居的一道隐形的制度壁垒。以随迁子女教育为例，中国家庭历来重视对子女的教育，而随迁子女在流入地城市中接受义务教育时却面临重重困境，特别是在人口压力较大的特大城市，比如北京、上海、广州、深圳等。公立教学资源尤其是优质公立教学资源的不足，使教育资源以层层限制门槛的形式进行分配。[①]

（二）外出人口的"家庭汇款"可缓解户籍地家庭面临的流动性约束，促进住房支出

外出人口的"家庭汇款"占家庭收入比例越高，家庭的住房支出越多。家庭汇款对住房支出具有促进作用，而这一促进作用是通过缓解家庭面临的流动性约束实现的。金融市场的不完善，使家庭在进行消费或者投资活动时难以从正规的金融渠道获得足够的外源融资从而面临流动性约束。按揭贷款中对首付款的要求以及农村居民难以获得住房贷款，都体现了家庭在进行住房投资时面临的流动性约束。在"新迁移经济学"的视角下，除收入因素这一迁移动因以外，面临流动性约束的家庭可选派一个合适的成员外出工作并向户籍地家庭汇款，以"自融资"的形式缓解流动性约束，更好地进行消费和投资活动。在中国农村家庭里，外出打工的成员中有部分原因是为家中建房筹集资金或者

[①] 以北京为例，对于非京籍的家长来说，依照《北京市教育委员会关于2014年义务教育阶段入学工作的意见》相关规定，提供在京务工就业证明、在京实际住所居住证明、全家户口簿、在京暂住证及户籍所在地开具的无人监护条件证明等"五证"可能并不足以拿到子女的在京就读证明，因为具体经办的区街道办事处或乡镇人民政府在教育资源紧张的情况下，会要求家长或者子女满足其他额外的条件。

是为偿还因建房而向亲戚朋友所借款项。

在那些有汇款的家庭中，汇款收入可能占整个家庭收入的较大比例，进而对家庭的消费、储蓄、投资等行为产生重要影响，甚至最终影响整个宏观经济。Connell 和 Brown（2005）曾针对太平洋岛国地区（包括萨摩亚、汤加等）的家庭对汇款（主要来自海外移民）的使用及其对整个宏观经济的影响进行了研究。Fajnzylber 和 López（2008）则主要针对拉丁美洲地区家庭汇款对当地贫困水平、家庭经济行为、金融发展、经济增长等的影响进行了研究，也提到家庭对汇款的过度依赖可能带来"荷兰病"（the Dutch Disease）的问题。① Chami 等（2008）也针对家庭汇款对经济增长、经济波动、政府债务的可持续性等宏观经济问题进行了研究。与国外家庭汇款收入主要来源于海外移民不同，中国的移民更多地发生在国内不同地区之间。在 CGSS 2010 调查样本中，那些有汇款收入的家庭，其汇款收入占整个家庭收入的比例已高达 63.18%。而在 2005 年，农村外出务工的劳动力有 1.265 亿人，外出劳动力每年为输出地寄回、带回的资金超过 2000 亿元，农民工汇款至少已经超过财政总投入的 50%。

（三）作为流动人口的两个侧面即外来人口与外出人口，对住房市场的影响机制不同

在以往对城镇化与城市房价的研究中，比较强调外来人口所

---

① 荷兰病是指一国特别是指中小国家经济的某一初级产品部门异常繁荣而导致其他部门衰落的现象。20 世纪 50 年代，已是制成品出口主要国家的荷兰发现大量石油和天然气，荷兰政府大力发展石油、天然气业，出口剧增，国际收支出现顺差，经济显现繁荣景象。可是，蓬勃发展的天然气业却严重打击了国内原有的农业和其他工业部门，削弱了出口行业的国际竞争力，到 20 世纪 80 年代初期，荷兰遭受到通货膨胀上升、制成品出口下降、收入增长率降低、失业率增加的困扰，国际上称之为"荷兰病"。

带来的购房需求，但是外出人口也会通过家庭汇款对其流出地城市的房价产生促进作用。外出人口对房价产生两种方向相反的作用机制，一是外出人口带走的购房需求，对房价产生抑制作用；二是外出人口的家庭汇款又对房价产生促进作用。在 70 个大中城市中，常住人口小于户籍人口的人口净流出城市，其外出人口对房价的抑制作用较强；而在常住人口大于户籍人口的人口净流入城市，其外出人口对房价的促进作用较为明显。

在不同时间段外来人口对房价增长率影响的方向不一致，与中国城市中外来人口"流动就业"的特征有关。在 70 个大中城市中，无论是在人口净流入城市还是在人口净流出城市，外出人口对房价增长率均表现出促进作用。但是外来人口对房价增长率的影响在不同时间段表现出不同的方向：在房价加速上升的年份，外来人口对房价增长率明显促进；而在房价增长率放缓的年份，外来人口对房价增长率却表现为抑制。以"就业"而非"定居"为目的的人口流动，对经济形势的变化较为敏感。经济上行时，良好的就业形势会吸引较多的外来人口；而经济下行时，外来人口或返回其户籍地或选择其他城市就业。

（四）住房所有权具有对冲租金风险的功能，租金风险的加剧会促使家庭购房

在城市中，外来人口更倾向于租房居住，从而产生大量的租房需求。因此，流动人口"流动就业"的特点也会加剧城市中租金波动。由于住房所有权具有对冲租金风险的功能，家庭可以通过购买住房避免租金风险。特别是在那些年轻人占比更高并且长期定居人口占比更大的城市，这种对冲租金风险的购房激励更大。

二 基于主要结论的应用建议

（一）降低外来人口在城镇的定居成本，合理规划基本公共服务资源

1. 进一步推进户籍改革，逐步降低外来人口在城镇的定居成本

在以逐渐均等化流动人口与本地居民享用基本公共服务为目标的户籍改革中，遇到的现实问题是：有大量外来人口的城市中通常会面临可投入公共服务的资金不足、欠账较多的问题。在中央政府制定的总原则下地方政府对落户条件进行自主决策，公共服务的成本主要由地方政府进行承担。对此，中央政府应当更多地承担基本公共服务的支出责任，并避免财政转移支付在流动人口的流出地被"吃空饷"的现象。

2. 依照人口增长规律，合理规划基本公共服务资源

2014年《国务院关于进一步推进户籍制度改革的意见》中户口迁移政策为"全面放开建制镇和小城市落户限制""有序放开中等城市落户限制""合理确定大城市落户条件""严格控制特大城市人口规模"。落户条件依照城镇规模的减小而逐渐放宽。从落户条件上来说，规模越小的城镇吸引力越大。这样的户籍制度改革可能影响流动人口的地点分布，在不同的城镇之间形成替代关系。人口问题专家黄文政、梁建章（2014）曾撰文指出，北京教育资源极度紧张的一个原因是：规划和教育部门"缺乏预见"的行为，人为制造了教育资源的不足。在计划生育政策下，北京户籍的小学生源逐年下滑，因此北京曾大量裁并学校，使小学数量呈下降趋势，但这一行为与非京籍常住人口的快速增加所

要求的教育资源逆行。对此，地方政府需要加强对本地人口增长（包括流动人口）的科学预测，[①] 以便对学校、医院等涉及提供基本公共服务的机构数量做出合理规划。

（二）充分挖掘外出人口"家庭汇款"对改善生活、促进经济发展的积极作用

1. 建立恰当的激励体系，发挥"家庭汇款"促进投资的功能

鉴于家庭汇款可以充当"自融资"工具，以及有汇款收入的家庭中"家庭汇款"占比较高，如何促进家庭汇款更多地运用于生产性投资而不仅仅是消费，成为一个重要的问题。有必要建立一个吸引外出人口更多地向家庭汇款，以及鼓励家庭将汇款更多地运用于生产性投资的激励体系。

上述激励体系可以作为一种过渡性的安排，随着金融市场的逐步发展，家庭面临的流动性约束放松，外源融资获得较为方便，家庭汇款所发挥"自融资"的功能不再必要。Bjuggren 等（2010）认为一个良好的体制环境与发达的信贷市场是将家庭汇款转化为投资的催化剂，但随着上述两个因素的不断发展，家庭汇款作为金融资源的必要性逐渐降低。

2. 谨防过度依赖"家庭汇款"

虽然家庭对汇款的使用可能会遵循"消费—消费性投资（住房等）—生产性投资"这一阶梯顺序，较贫困的地区，汇款更多地被用于衣食等基本需求。但是对于那些相对富裕的地区，

---

① 孙文凯等（2011）对 2003～2006 年发生的大中城市户籍制度改革的效果进行检验，通过倍差法在户改对农村劳动力流动总量以及向大中城市而不是省会等特大城市流动的效应方面进行定量研究，发现在此期间，很少有证据显示户籍制度改革对短期劳动力流动产生了显著影响。

需要谨防过度依赖家庭汇款所带来的问题。外出人口带回户籍地家庭的可能不仅是家庭汇款，而且也包括在外地城市中的消费习惯。一旦户籍地家庭的成员养成高消费习惯，并将大部分汇款用于消费而非生产性投资，可能会产生如 Connell 和 Brown（2005）所报告的那样：高消费的习惯只能通过继续外出工作（Further Migration）予以满足。

（三）正确认识城镇化过程中流动人口对住房市场的影响

地方政府与房地产商在对住房市场进行预判时，应当注意到：作为住房市场需求面的基础，常住人口中的户籍人口与流动人口具有不同的住房需求行为。流动人口自身"流动就业"的特点使其投资性住房需求与消费性住房需求在空间上易产生分离，在工作地租房而在户籍地购房。对常住人口中户籍人口和流动人口不加以区分容易高估潜在购房需求；而未注意到户籍在本地却常住在外地的外出人口则可能会低估潜在购房需求。

（四）加大保障性住房建设力度

根除房价上涨源于投机的单向思维，有的住房市场上可能仅仅是家庭对冲租金风险的"无奈之举"导致了这种结果。廉租房和公租房可以有效降低家庭面临的租金风险，削弱对冲激励。可加快对廉租房与公租房的并轨推进，完善其定价机制及租金动态调整机制，缓解低收入家庭的房租压力，充分发挥其对冲租金风险的功能。另外，提高保障性住房的市场灵敏度，降低房价和租金的上涨预期，也是重要的举措。

三 进一步的研究方向

本书有关中国流动人口对住房市场影响的研究，主要涉及住房市场的需求面。由于所用数据的局限，本书未能对流动人口与住房市场的动态关系以及住房市场供给面进行深入分析。随着微观调查数据的逐渐丰富，有关流动人口与住房市场的研究还可以在以下几个方面进行拓展。

第一，进一步考察流动人口与住房市场的动态关系，包括人口流动与家庭住房模式转换、住房市场对劳动力流动方向的影响等问题。另外，随着数据的不断丰富，我们可以更多地考察流动人口的异质性问题，比如流动人口属于返乡型、循环流动型、留居型，或者单独转移、夫妻共同转移、举家转移等类型都会具有不同的住房需求行为。

第二，在城镇化过程中，大量的流动人口选择租房居住，所租住房又多属于本地户籍居民。针对本地户籍居民住房出租行为的研究，可丰富住房租赁市场上供给面的讨论，并为鼓励租赁住房的私人投资提供政策建议。

第三，本书有关流动人口对住房市场影响的研究，在需求面上对住房市场的分化进行了一定程度的讨论。不同城市间住房市场的分化涉及需求与供给两个方面，深入探讨住房市场分化问题有待于对城镇化过程中地方政府与房地产商行为进行有力的刻画。

参考文献

白南生、宋洪远，2002，《回乡，还是进城？：中国农村外出劳动力回流研究》，中国财政经济出版社。

陈斌开、徐帆、谭力，2012，《人口结构转变与中国住房需求：1999～2025》，《金融研究》第 1 期。

陈建、陈英楠、刘仁和，2009，《所有权成本、投资者预期与住宅价格波动：关于国内四大城市住宅市场的经验研究》，《世界经济》第 10 期。

程郁、罗丹，2009，《信贷约束下农户的创业选择：基于中国农户调查的实证分析》，《中国农村经济》第 11 期。

〔美〕迪帕斯奎尔，丹尼斯、威廉·C. 惠顿，2002，《城市经济学与房地产市场》，龙奋杰等译，经济科学出版社。

段成荣、孙玉晶，2006，《我国流动人口统计口径的历史变动》，《人口研究》第 4 期。

冯皓、陆铭，2010，《通过买房而择校：教育影响房价的经验证据与政策含义》，《世界经济》第 12 期。

高波、王文莉、李祥，2013，《预期、收入差距与中国城市房价租金"剪刀差"之谜》，《经济研究》第 6 期。

高梦滔、毕岚岚、师慧丽，2008，《流动性约束、持久收入与农户消费——基于中国农村微观面板数据的经验研究》，《统计研究》第 6 期。

韩正龙、王洪卫，2014，《区域差异、城镇化与房地产价格——

来自中国房地产市场的证据》，《经济问题探索》第 2 期。

胡枫，2010，《农民工汇款与家庭收入不平等：基于反事实收入的分析》，《人口研究》第 3 期。

胡枫、史宇鹏、王其文，2008，《中国的农民工汇款是利他的吗？——基于区间回归模型的分析》，《金融研究》第 1 期。

黄文政、梁建章，2014，《城市管理——北京该不该严控人口（二）》，http://opinion. caixin. com/2014 – 05 – 27/10068268. html。

况伟大，2009，《住宅特性、物业税与房价》，《经济研究》第 4 期。

况伟大，2010，《预期、投机与中国城市房价波动》，《经济研究》第 9 期。

李强，2003，《影响中国城乡流动人口的推力与拉力因素分析》，《中国社会科学》第 1 期。

李强、毛学峰、张涛，2008，《农民工汇款的决策、数量与用途分析》，《中国农村观察》第 3 期。

李涛、王志芳、王海港、谭松涛，2010，《中国城市居民的金融受排斥状况研究》，《经济研究》第 7 期。

李铁，2013，《城镇化是一次全面深刻的社会变革》，中国发展出版社。

梁若冰、汤韵，2008，《地方公共品供给中的 Tiebout 模型——基于中国城市房价的经验研究》，《世界经济》第 10 期。

林李月、朱宇，2008，《两栖状态下流动人口的居住状态及其制约因素——以福建省为例》，《人口研究》第 5 期。

刘洪玉、杨帆，2012，《中国主要城市住房供给价格弹性估计与比较研究》，《社会科学辑刊》第 6 期。

刘建伟，2015，《国家统计局城市司高级统计师刘建伟解读 2 月份房价数据》，http：//www.stats.gov.cn/tjsj/sjjd/201503/t20150318_696254.html。

刘杰、郑风田，2011，《流动性约束对农户创业选择行为的影响——基于晋、甘、浙三省 894 户农民家庭的调查》，《财贸研究》第 3 期。

陆铭、欧海军、陈斌开，2014，《理性还是泡沫：对城市化、移民和房价的经验研究》，《世界经济》第 1 期。

罗楚亮，2011，《收入增长、劳动力外出与农村居民财产分布——基于四省农村的住户调查分析》，《财经科学》第 10 期。

马红旗、陈仲常，2012，《我国省际流动人口的特征——基于全国第六次人口普查数据》，《人口研究》第 6 期。

明娟、曾湘泉，2014，《农村劳动力外出与家乡住房投资行为——基于广东省的调查》，《中国人口科学》第 4 期。

任荣荣、郑思齐、龙奋杰，2008，《预期对房价的作用机制：对 35 个大中城市的实证研究》，《经济问题探索》第 1 期。

阮荣平、刘力、郑风田，2011，《人口流动对输出地人力资本影响研究》，《中国人口科学》第 1 期。

孙文凯、白重恩、谢沛初，2011，《户籍制度改革对中国农村劳动力流动的影响》，《经济研究》第 1 期。

孙玉环，2009，《家庭生命周期变动对住房市场需求的影响研究》，《预测》第 3 期。

孙玉环、张金芳，2014，《中国家庭住房产权类型分化研究》，《数量经济技术经济研究》第 3 期。

孙自铎，2004，《农民跨省务工对区域经济发展的影响研究》，《中国农村经济》第 3 期。

王海光，2003，《当代中国户籍制度形成与沿革的宏观分析》，《中共党史研究》第 4 期。

吴敬琏，2010，《当代中国经济改革教程》，上海远东出版社。

吴开亚、张力、陈筱，2010，《户籍改革进程的障碍：基于城市落户门槛的分析》，《中国人口科学》第 1 期。

吴维平、王汉生，2002，《寄居大都市：京沪两地流动人口住房现状分析》，《社会学研究》第 3 期。

徐建炜、徐奇渊、何帆，2012，《房价上涨背后的人口结构因素：国际经验与中国证据》，《世界经济》第 1 期。

杨巧，2013，《基于我国第六次人口普查结果的住房市场需求分析》，《宏观经济研究》第 4 期。

易成栋、黄友琴，2010，《中国城市自有多套住宅家庭的空间模式实证研究》，《经济地理》第 4 期。

易宪容，2009，《中国住房市场的公共政策研究》，《管理世界》第 10 期。

岳希明、罗楚亮，2010，《农村劳动力外出打工与缓解贫困》，《世界经济》第 11 期。

张亚丽、梁云芳、高铁梅，2011，《预期收入、收益率和房价波动——基于 35 个城市动态面板模型的研究》，《财贸经济》第 1 期。

张展新、杨思思，2013，《流动人口研究中的概念、数据及议题综述》，《中国人口科学》第 6 期。

郑思齐，2007，《住房需求的微观经济分析——理论与实证》，中国建筑工业出版社。

周京奎，2012，《住宅市场风险、信贷约束与住宅消费选择——一个理论与经验的分析》，《金融研究》第 6 期。

周京奎，2013，《住宅市场风险、需求倾向与住宅价格波动》，

《经济学》（季刊）第 4 期。

朱晨，2006，《中国中心城市第二住宅的地理空间分布特征》，
《经济地理》第 11 期。

Acosta, Pablo. 2006. "Labor Supply, School Attendance, and Remittances from International Migration: The Case of El Salvador." World Bank Policy Research Working Paper No. 3903.

Adams Jr, Richard H., and Alfredo Cuecuecha. 2010. "Remittances, Household Expenditure and Investment in Guatemala." *World Development* 38: 1626 – 1641.

Adams Jr, Richard H. 1998. "Remittances, Investment, and Rural Asset Accumulation in Pakistan." *Economic Development and Cultural Change* 47: 155 – 173.

Ahn, Namkee. 2001. "Age at First-time Homeownership in Spain." FEDEA Working Papers No. 2001 – 23.

Airola, Jim. 2007. "The Use of Remittance Income in Mexico." *International Migration Review* 41: 850 – 859.

Arrondel, Luc, and Bruno Lefebvre. 2001. "Consumption and Investment Motives in Housing Wealth Accumulation: A French Study." *Journal of Urban Economics* 50: 112 – 137.

Benjamin, D., and L. Brandt. 1998. "Administrative Land Allocation, Nascent Labor Markets, and Farm Efficiency in Rural China." University of Toronto Working Paper.

Berkovec, James, and Don Fullerton. 1992. "A General Equilibrium Model of Housing, Taxes, and Portfolio Choice." *Journal of Political Economy* 100: 390 – 429.

Bhalla, Surjit S. 1980. "The Measurement of Permanent Income and Its Application to Savings Behavior." *Journal of Political*

Economy 88: 722 – 744.

Bjuggren, Per-Olof, James Dzansi, and Ghazi Shukur. 2010. "Remittances and Investment. " CESIS Electronic Working Paper Series No. 216.

Boehm, Thomas P. , Henry W. Herzog Jr, and Alan M. Schlottmann. 1991. "Intra-Urban Mobility, Migration, and Tenure. " *The Review of Economics and Statistics* 73: 59 – 68.

Buera, Francisco J. 2009. "A Dynamic Model of Entrepreneurship with Borrowing Constraints: Theory and Evidence. " *Annals of Finance* 5: 443 – 464.

Calero, Carla, Arjun S. Bedi, and Robert Sparrow. 2009. "Remittances, Liquidity Constraints and Human Capital Investments in Ecuador. " *World Development* 37: 1143 – 1154.

Cannon, Susanne E. , Norman G. Miller, and Gurupdesh S. Pandher. 2006. "Risk and Return in the U. S. Housing Market: A Cross-Sectional Asset-Pricing Approach. " *Real Estate Economics* 34: 519 – 552.

Case, Karl, John Cotter, and Stuart Gabriel. 2011. "Housing Risk and Return: Evidence from a Housing Asset-Pricing Model. " *Journal of Portfolio Management* 37: 89 – 109.

Chami, Ralph, Adolfo Barajas, Thomas Cosimano, Connel Fullenkamp, Michael Gapen, and Peter Montiel. 2008. *Macroeconomic Consequences of Remittances*. Washington, DC: International Monetary Fund.

Chami, Ralph, Connel Fullenkamp, and Samir Jahjah. 2005. "Are Immigrant Remittance Flows a Source of Capital for Development?" *IMF Staff Papers* 52: 55 – 81.

Cochrane, John H. 2005. *Asset Pricing Revised Edition*. Princeton, NJ: Princeton University Press.

Connell, John, and Richard P. C. Brown. 2005. *Remittance in the Pacific: An Overview*. Manila: Asian Development Bank.

Coulson, N. Edward, and Mingzhe Tang. 2013. "Institutional and Demographic Influences on the Presence, Scale and Geographic Scope of Individual Chinese Real Estate Investment. "*Regional Science and Urban Economics* 43: 187 – 196.

Crone, Theodore M. , and Richard P. Voith. 1999. "Risk and Return within the Single-Family Housing Market. "*Real Estate Economics* 27: 63 – 78.

Davidoff, Thomas. 2006. "Labor Income, Housing Prices, and Homeownership. "*Journal of Urban Economics* 59: 209 – 235.

De Brauw, Alan, and Scott Rozelle. 2008. "Migration and Household Investment in Rural China. "*China Economic Review* 19: 320 – 335.

Degen, Kathrin, and Andreas M. Fischer. 2010. "Immigration and Swiss House Prices. "CEPR Discussion Paper No. DP 7583.

Driscoll, John C. , and Aart C. Kraay. 1998. "Consistent Covariance Matrix Estimation with Spatially Dependent Panel Data. " *The Review of Economics and Statistics* 80: 549 – 560.

Engelhardt, Gary V. 1996. "Consumption, Down Payments, and Liquidity Constraints. "*Journal of Money, Credit, and Banking* 28: 255 – 271.

Evans, David S. , and Boyan Jovanovic. 1989. "An Estimated Model of Entrepreneurial Choice under Liquidity Constraints. " *The Journal of Political Economy* 97: 808 – 827.

Fajnzylber, Pablo, and J. Humberto López. 2008. *Remittances and Development: Lessons from Latin America*. Washington, DC: The World Bank.

Fu, Yuming. 1991. "A Model of Housing Tenure Choice: Comment. " *The American Economic Review* 81: 381 – 383.

Fu, Yuming. 1995. "Uncertainty, Liquidity and Housing Choices. " *Regional Science and Urban Economics* 25: 223 – 236.

González, Libertad, and Francesc Ortega. 2013. "Immigration and Housing Booms: Evidence From Spain. " *Journal of Regional Science* 23: 37 – 59.

Goodman, Allen C. 2003. "Following a Panel of Stayers: Length of Stay, Tenure Choice, and Housing Demand. " *Journal of Housing Economics* 12: 106 – 133.

Han, Lu. 2010. "The Effects of Price Risk on Housing Demand: Empirical Evidence from U. S. Markets. " *Review of Financial Study* 23: 3889 – 3928.

Han, Lu. 2013. "Understanding the Puzzling Risk-Return Relationship for Housing. " *Review of Financial Studies* 26: 877 – 928.

Henderson, J. Vernon, and Yannis M. Ioannides. 1983. "A Model of Housing Tenure Choice. " *The American Economic Review* 73: 98 – 113.

Holtz-Eakin, Douglas, David Joulfaian, and Harvey S. Rosen. 1994. "Entrepreneurial Decisions and Liquidity Constraints. " *The RAND Journal of Economics* 25: 334 – 347.

Huang, Youqin, and Chengdong Yi. 2010. "Consumption and Tenure Choice of Multiple Homes in Transitional Urban China. " *International Journal of Housing Policy* 10: 105 – 131.

Huang, Youqin, and William Clark. 2002. "Housing Tenure Choice in Transitional Urban China: A Multilevel Analysis." *Urban Studies* 39: 7 – 32.

Ioannides, Yannis M., and Stuart S. Rosenthal. 1994. "Estimating the Consumption and Investment Demands for Housing and Their Effect on Housing Tenure Status." *The Review of Economics and Statistics* 76: 127 – 141.

Jack, William, and Tavneet Suri. 2014. "Risk Sharing and Transactions Costs: Evidence from Kenya's Mobile Money Revolution." *The American Economic Review* 104: 183 – 223.

Jappelli, Tullio. 1990. "Who Is Credit Constrained in the U. S. Economy?" *The Quarterly Journal of Economics* 105: 219 – 234.

Jorgenson, Dale. 1966. "Testing Alternative Theories of the Development of a Dual Economy." In *The Theory and Design of Economic Development*, edited by I. Adelman, and E. Thorbecke, pp. 45 – 60. Baltimore: Johns Hopkins Press.

Lewis, W. Arthur. 1954. "Economic Development with Unlimited Supplies of Labour." *The Manchester School* 22: 139 – 191.

Li, SiMing. 2000. "The Housing Market and Tenure Decisions in Chinese Cities: A Multivariate Analysis of the Case of Guangzhou." *Housing Studies* 15: 213 – 236.

Li, SiMing, and Limei Li. 2006. "Life Course and Housing Tenure Change in Urban China: A Study of Guangzhou." *Housing Studies* 21: 653 – 670.

Litchfield, Julie, Barry Reilly, and Mario Veneziani. 2012. "An Analysis of Life Satisfaction in Albania: An Heteroscedastic Ordered Probit Model Approach." *Journal of Economics Behavior*

& *Organization* 81: 731 – 741.

Lucas, Robert E. 1978. "Asset Prices in an Exchange Economy. " *Econometrica* 46: 1429 – 1445.

Lucas, Robert E. 1987. "Emigration to South Africa's Mines. " *The American Economic Review* 77: 313 – 330.

Mankiw, N. Gregory, and David N. Weil. 1989. "The Baby Boom, the Baby Bust, and the Housing Market. " *Regional Science and Urban Economics* 19: 235 – 258.

McKenzie, David, and Marcin J. Sasin. 2007. " Migration, Remittances, Poverty, and Human Capital: Conceptual and Empirical Challenges. " World Bank Policy Research Working Paper No. 4272.

McKenzie, D. J. 2006. "Beyond Remittances: The Effects of Migration on Mexico Households. " In *International Migration, Remittances, and the Brain Drain*, edited by Özden, Çaglar, and Maurice Schiff, pp. 123 – 147. Washington, DC: The World Bank and Palgrave Macmillan.

Meese, Richard A. , and Nancy Wallace. 1994. "Testing the Present Value Relation for Housing Prices: Should I Leave My House in San Francisco?" *Journal of Urban Economics* 35: 245 – 266.

Megbolugbe, Isaac F. , Allen P. Marks, and Mary B. Schwartz. 1991. "The Economic Theory of Housing Demand: A Critical Review. " *Journal of Real Estate Research* 6: 381 – 393.

Merton, Robert C. 1973. "An Intertemporal Capital Asset Pricing Models. " *Econometrica* 41: 867 – 887.

Merton, Robert C. 1980. "On Estimating the Expected Return on the Market: An Exploratory Investigation. " *Journal of Financial*

Economics 8: 323 – 362.

Muellbauer, John, and Anthony Murphy. 1997. " Booms and Busts in the UK Housing Market. " *The Economic Journal* 107: 1701 – 1727.

Osili, Una Okonkwo. 2004. " Migrants and Housing Investments: Theory and Evidence from Nigeria. " *Economic Development and Cultural Change* 52: 821 – 849.

Paciorek, Andrew, and Todd Sinai. 2012. " Does Home Owning Smooth the Variability of the Future Housing Consumptions?" *Journal of Urban Economics* 71: 244 – 257.

Painter, Gary, Stuart Gabriel, and Dowell Myers. 2001. " Immigrant Status and Housing Tenure Choice. " *Journal of Urban Economics* 49: 150 – 167.

Paxson, Christina H. 1992. " Using Weather Variability to Estimate the Response of Savings to Transitory Income in Thailand. " *The American Economic Review* 82: 15 – 33.

Quisumbing, Agnes, and Scott McNiven. 2010. " Moving Forward, Looking Back: The Impact of Migration and Remittances on Assets, Consumption, and Credit Constraints in the Rural Philippines. " *The Journal of Development Studies* 46: 91 – 113.

Ranis, G. , and J. C. H. Fei. 1961. " A Theory of Economic Development. " *The American Economic Review* 51: 533 – 565.

Roodman, David Malin. 2011. " Fitting Fully Observed Recursive Mixed-process Models with Cmp. " *The Stata Journal* 11: 159 – 206.

Rozelle, Scott, J. Edward Taylor, and Alan De Brauw. 1999. " Migration, Remittances, and Agricultural Productivity in China. "

The American Economic Review 89: 287 – 291.

Saiz, Albert. 2003. "Room in the Kitchen for Melting Pot: Immigration and Rental Prices. "*The Review of Economics and Statistics* 85: 502 – 521.

Saiz, Albert. 2007. "Immigration and Housing Rents in American Cities. "*Journal of Urban Economics* 61: 345 – 371.

Salas, Vania B. 2014. "International Remittances and Human Capital Formation. "*World Development* 59: 224 – 237.

Sarama, Robert F. 2009. "Pricing Housing Market Returns. "Job Market Paper.

Shilling, James D. 2003. "Is There a Risk Premium Puzzle in Real Estate?"*Real Estate Economics* 31: 501 – 525.

Sinai, Todd, and Nicholas S. Souleles. 2005. "Owner-Occupied Housing as a Hedge against Rent Risk. "*Quarterly Journal of Economics* 120: 763 – 789.

Sinai, Todd. 2009. "Spatial Variation in the Risk of Home Owning. "In *Housing Markets and the Economy, Risk, Regulation, and Policy*, edited by Edward L. Glaeser, and John M. Quigley, pp. 83 – 112. MA: Lincoln Institute of Land Policy.

Smits, Annika, and Clara H. Mulder. 2008. "Family Dynamics and First-time Homeownership. "*Housing Studies* 23: 917 – 933.

Stark, Oded, and David E. Bloom. 1985. "The New Economics of Labor Migration. "*The America Economics Review* 75: 173 – 178.

Stark, Oded, and David Levhari. 1982. "On Migration and Risk in LDCs. "*Economic Development and Cultural Change* 31: 191 – 196.

Stark, Oded. 1991. *The Migration of Labor*. Cambridge, MA: Basil

Blackwell.

Sá, Filipa. 2014. "Immigration and House Prices in the UK. " *The Economics Journal* 9: 1 – 32.

Taylor, J. Edward, and Jorge Mora. 2006. "Does Migration Reshape Expenditures in Rural Households? Evidence from Mexico. " World Bank Policy Research Working Paper No. 3842.

Taylor, J. Edward, Scott Rozelle, and Alan De Brauw. 2003. "Migration and Incomes in Source Communities: A New Economics of Migration Perspective from China. " *Economic Development and Cultural Change* 52: 75 – 101.

Taylor, J. Edward. 1992. "Remittances and Inequality Reconsidered: Direct, Indirect and Intertemporal Effects. " *Journal of Policy Modeling* 14: 187 – 208.

Todaro, Michael P. 1969. "A Model of Labor Migration and Urban Unemployment in Less Developed Countries. " *The American Economic Review* 59: 138 – 148.

Wei, Shang-Jin, Xiaobo Zhang, and Yin Liu. 2012. "Status Competition and Housing Prices. " NBER Working Papers No. 18000.

Woodruff, Christopher, and Rene Zenteno. 2007. "Migration Networks and Microenterprises in Mexico. " *Journal of Development Economics* 82: 509 – 528.

Yang, Dean, and HwaJung Choi. 2007. "Are Remittances Insurance? Evidence from Rainfall Shocks in the Philippines. " *World Bank Economic Review* 21: 219 – 248.

Yang, Dean. 2008. "International Migration, Remittances and Household Investment: Evidence from Philippine Migrants' Exchange Rate Shocks. " *The Economic Journal* 118: 591 – 630.

Zhao, Yaohui. 2002. "Causes and Consequences of Return Migration: Recent Evidence from China. " *Journal of Comparative Economics* 30: 376 – 394.

Zhou, Jingkui. 2011. "Uncertainty and Housing Tenure Choice by Household Types: Evidence from China. " *China Economic Review* 22: 408 – 427.

Zhu, Yu, Zhongmin Wu, Liquan Peng, Laiyun Sheng. 2014. "Where Did All the Remittances Go? Understanding the Impact of Remittances on Consumption Patterns in Rural China. " *Applied Economics* 46: 1312 – 1322.

Zhu, Yu, Zhongmin Wu, Meiyan Wang, Yang Du, Fang Cai. 2012. "Do Migrants Really Save More? Understanding the Impact of Remittances on Savings in Rural China. " *Journal of Development Studies* 48: 654 – 672.

附 录

附录 A

附表 A-1　租赁或免费居住房屋来源情况

来源	家庭户数（占比）
国家	88（6.58%）
单位	174（13.01%）
亲属	340（25.44%）
非亲属	735（54.97%）
合计	1337（100%）

附表 A-2　家庭自有产权住房来源情况

来源	首套住房（占比）	二套住房（占比）	三套住房（占比）
购买商品房/小产权房	1814（23.69%）	453（37.97%）	59（41.26%）
购买经济适用房	117（1.53%）	16（1.34%）	0
继承或赠与	383（5%）	103（8.63%）	14（9.79%）
低于市场价从单位购买	629（8.22%）	67（5.62%）	8（5.59%）
集资建房	303（3.96%）	28（2.35%）	7（4.9%）
自建/扩建	3893（50.85%）	411（34.45%）	37（25.87%）
拆迁换房	353（4.61%）	72（6.04%）	15（10.49%）
其他	164（2.14%）	43（3.60%）	3（2.1%）
合计	7656（100%）	1193（100%）	143（100%）

附录 B

（一）租户决策

在租户决策问题中，家庭仅租赁住房，不投资住房。租户家庭的决策变量为 $\{\tilde{S}, \tilde{h}_c, \tilde{u}\}$ 。

$$\max_{S,h_c,u}\{U(x_1,f(u)h_c) + E[V(x_2,f(u)h_c)]\}$$

$$\text{s.t. } y_1 = x_1 + R_1 h_c + \tau(u)h_c + S$$

$$(1+r)S + y_2 = x_2 + R_2 h_c + \tau(u)h_c$$

由拉格朗日优化方法得一阶条件：

$$\tilde{S}: U_1 = E[V_1](1+r) \tag{B-1}$$

$$\tilde{h}_c: U_2 f(\tilde{u}) + E[V_2]f(\tilde{u}) = E\{V_1[(1+r)R_1 + R_2 + (2+r)\tau(\tilde{u})]\} \tag{B-2}$$

$$\tilde{u}: U_2 f'(\tilde{u}) + E[V_2]f'(\tilde{u}) = E[V_1][(2+r)\tau'(\tilde{u})] \tag{B-3}$$

由 （B-2） 式、（B-3） 式，得到租户关于使用率 $\tilde{u}$ 的边际条件 （B-4） 式，等式左边是使用率的边际收益，右边是使用率的边际成本。

$$\frac{f'(\tilde{u})}{f(\tilde{u})}E\{V_1[(1+r)R_1 + R_2 + (2+r)\tau(\tilde{u})]\} = E[V_1](2+r)\tau'(\tilde{u}) \tag{B-4}$$

（二）购房者决策——"购买并入住"模式（Own-occupy）

在购房者决策问题中，家庭在第一期购入自住住房并在第二期卖出。此时，家庭的投资性需求完全以满足消费性需求为准。

家庭的决策变量为 $\{S^*, h_C^*, u^*\}$ 。

$$\underset{S, h_c, u}{\text{Max}}\{U(x_1, f(u)h_C) + E[V(x_2, f(u)h_C)]\}$$

$$\text{s. t. } y_1 = x_1 + P_1 h_C + T(u)h_C + S$$

$$(1 + r)S + y_2 + P_2 h_C = x_2 + T(u)h_C$$

由拉格朗日优化方法得一阶条件:

$$S^* : U_1 = E[V_1](1 + r) \tag{B-5}$$

$$h_C^* : U_2 f(u^*) + E[V_2]f(u^*) = E\{V_1[(1 + r)P_1 + (2 + r)T(u^*) - P_2]\} \tag{B-6}$$

$$u^* : (U_2 + E[V_2])f'(u^*) = E[V_1][(2 + r)T'(u^*)] \tag{B-7}$$

由 (B-6) 式、(B-7) 式,得到购房者关于使用率 u^* 的边际条件 (B-8) 式,同样,等式左边是使用率的边际收益,右边是使用率的边际成本。

$$\frac{f'(u^*)}{f(u^*)}E\{V_1[(1 + r)P_1 - P_2 + T(u^*)(2 + r)]\} = E[V_1](2 + r)T'(u^*) \tag{B-8}$$

在均衡住房市场上,房东乐意提供房源进行出租的条件是:出租住房所获得的租金收入应当与其承担的成本相等。如 (B-9a) 式所示,等式左边为房东所承担的成本,主要包括两项,一项是房东承担的金融成本,包括利息成本 rP_1 以及资本利得 $P_1 - P_2$;另一项是房东无法从租户处收回而需自身承担的维护成本 $(T(\bar{u}) - \tau(\bar{u}))(1 + r) + (T(\bar{u}) - \tau(\bar{u}))$,其中 $\bar{u}$ 由租户决定,为购房者决策的外生变量。等式右边则是房东获得的租金收入 $R_1(1 + r) + R_2$。

$$rP_1 + P_1 - P_2 + (T(\bar{u}) - \tau(\bar{u}))(1 + r) + (T(\bar{u}) - \tau(\bar{u})) = R_1(1 + r) + R_2 \tag{B-9a}$$

另外，由租户决策问题可知，理性的租户将使 $\bar{u}$ 与最优使用率 $\tilde{u}$ 相等，（B-9a）式可变成（B-9b）式。

$$(1 + r)P_1 - P_2 + T(\tilde{u})(1 + r) + T(\tilde{u}) = R_1(1 + r) +$$

$$\tau(\tilde{u})(1 + r) + R_2 + \tau(\tilde{u}) \tag{B-9b}$$

将（B-9b）式代入（B-4）式，使租户关于 $\bar{u}$ 的边际条件变为（B-10）式。

$$\frac{f'(\tilde{u})}{f(\tilde{u})}E\{V_1[(1 + r)P_1 - P_2 + T(\tilde{u})(2 + r)]\} = E[V_1](2 + r)\tau'(\tilde{u})$$

$$\tag{B-10}$$

对比可知，（B-8）式和（B-10）式的左边，即边际收益具有相同的函数形式，租户与购房者面临相同的边际收益曲线。但（B-8）式和（B-10）式的右边，即边际成本的函数形式却不同。结合有关"租赁外部性"的假设 $\tau(u) < T(u), \forall u$ 和 $\tau'(u) < T'(u), \forall u$ ，易知租户对单元住房存量的使用率 $\bar{u}$ 要高于购房者（"购买并入住"模式）的使用率 u^* 。

$$\tilde{u} > u^* \tag{B-11}$$

（三）相同禀赋下，家庭对"购买并入住"模式的偏好

定义租户的最大化效用为 $\tilde{\nu}$ ，而购房者的最大化效用为 ν^* ，将 $\tilde{\nu}$ 在 ν^* 处进行泰勒展开，得到（B-12）式。对于严格的拟凹效用函数，$G < 0$ 。

$$\tilde{\nu} - \nu^* = U_1^*(\tilde{x}_1 - x_1^*) + U_2^*(\bar{h}_c f(\tilde{u}) - h_c^* f(u^*)) +$$

$$E[V_1^*(\tilde{x}_2 - x_2^*) + V_2^*(\bar{h}_c f(\tilde{u}) - h_c^* f(u^*))] + G \tag{B-12}$$

对（B-12）式两边同除以 U_1^* ，有：

$$\frac{\tilde{\nu} - \nu^*}{U_1^*} = (\tilde{x}_1 - x_1^*) + \frac{E[V_1^*(\tilde{x}_2 - x_2^*)]}{U_1^*} +$$

$$\frac{(U_2^* + E[V_2^*])}{U_1^*}(\bar{h}_c f(\tilde{u}) - h_c^* f(u^*)) + \frac{G}{U_1^*} \quad (B-13)$$

利用租户决策问题与买房者决策问题中的预算约束将（B-13）式中的 $\tilde{x}_2$ 和 x_2^* 进行替换并整理，得（B-14）式。

$$\frac{\tilde{\nu} - \nu^*}{U_1^*} = \bar{h}_c\left(\frac{(U_2^* + E[V_2^*])}{U_1^*}f(\tilde{u}) - \frac{E\{V_1^*[(1+r)R_1 + R_2 + (2+r)\tau(\tilde{u})]\}}{U_1^*}\right) +$$

$$h_c^*\left(\frac{E\{V_1^*[(1+r)P_1 - P_2 + (2+r)T(u^*)]\}}{U_1^*} - \frac{(U_2^* + E[V_2^*])}{U_1^*}f(u^*)\right) + \frac{G}{U_1^*}$$

$$(B-14)$$

由（B-6）式、（B-7）式，得连等式（B-15）。

$$\frac{(U_2^* + E[V_2^*])}{U_1^*} = \frac{E\{V_1^*[(1+r)P_1 + (2+r)T(u^*) - P_2]\}}{f(u^*)U_1^*} =$$

$$\frac{E\{V_1^*[(1+r)T'(u^*)]\}}{f'(u^*)U_1^*} \quad (B-15)$$

将（B-15）式代入（B-14）式，得：

$$\frac{\tilde{\nu} - \nu^*}{U_1^*} = \tilde{h}_c\left(\frac{(U_2^* + E[V_2^*])}{U_1^*}f(\tilde{u}) - \frac{E\{V_1^*[(1+r)R_1 + R_2 + (2+r)\tau(\tilde{u})]\}}{U_1^*}\right) + \frac{G}{U_1^*}$$

$$(B-16)$$

将（B-9b）式代入（B-16）式，得：

$$\frac{\tilde{\nu} - \nu^*}{U_1^*} = \bar{h}_c\left(\frac{(U_2^* + E[V_2^*])}{U_1^*}f(\tilde{u}) - \frac{E\{V_1^*[(1+r)P_1 - P_2 + (2+r)T(\tilde{u})]\}}{U_1^*}\right) + \frac{G}{U_1^*}$$

$$(B-17)$$

结合（B-15）式以及 $f(\tilde{u}) = f(u^*) + f'(u^*)(\tilde{u} - u^*) + \delta(\delta < 0)$ 与 $T(\tilde{u}) = T(u^*) + T'(u^*)(\tilde{u} - u^*) + d(d > 0)$，得到

$$\frac{\tilde{\nu} - \nu^*}{U_1^*} = \bar{h}_c\left(\frac{(U_2^* + E[V_2^*])}{U_1^*}\delta - \frac{E\{V_1^*[(2+r)]\}}{U_1^*}d\right) + \frac{G}{U_1^*} < 0$$

$$(\text{B}-18)$$

因此，在相同的收入禀赋下，相对于租户来说，购房者即选择"购房并入住"模式的家庭具有更高的效用。

附录 C

对住房所有权对冲租金风险、套保住房消费的功能可以直观地进行理解：对于租房住的家庭来说，支付房租才能获得居住服务，当租金波动时就面临租金风险，如果购房拥有了住房所有权，就不用再为了获得居住服务而支付租金，租金波动的风险被有效规避或对冲了，因而住房所有权的住房消费套保效应增强了家庭对住房的购买意愿。而对于拥有住房所有权的家庭来说，同样也会面临租金风险，只是表现为一种"隐性租金风险"，并且已被对冲掉。

下面借鉴 Henderson 和 Ioannides（1983）在研究住房租买选择时的建模思想，对住房投资需求与住房消费需求加以区分，并在消费资本资产定价模型（CCAPM）的一个简易框架下，对住房资产收益 - 风险关系进行分析。

家庭在两期内进行决策，（C-1）式、（C-2）式共同组成家庭的最优化问题。除了一般商品以外，住房服务是家庭的一项必需品，家庭通过租住住房来满足；另外，家庭可投资于住房资产 h_t^I 与无风险资产 S。C_t 为一般商品，h_t^c 为家庭租住住房的存量，h_t^I 为家庭购买住房的存量，Q_t 与 P_t 分别为住房的租金与价格，S 为家庭在第一期的储蓄（无风险资产），y_t 为家庭的收入禀赋。

中国流动人口对住房市场的影响

$$\underset{S, h_t^I, h_t^C, h_{t+1}^C}{\text{Max}} \{ U(C_t, h_t^C) + \beta E_t [U(C_{t+1}, h_{t+1}^C)] \} \qquad (C-1)$$

$$C_t + P_t h_t^I + Q_t h_t^C + S = y_t$$

$$C_{t+1} + Q_{t+1} h_{t+1}^C = y_{t+1} + S(1+r) + P_{t+1} h_t^I + Q_{t+1} h_t^I \qquad (C-2)$$

家庭关于无风险资产 S 的一阶条件为（C-3）式，其中定义与一般商品消费有关的定价核 $M_{t+1}^1 \equiv \beta \dfrac{U_1(C_{t+1}, h_{t+1}^C)}{U_1(C_t, h_t^C)}$。

$$S: -U_1(C_t, h_t^C) + \beta E_t [U_1(C_{t+1}, h_{t+1}^C)(1+r)] = 0$$

$$\Rightarrow E_t(M_{t+1}^1) = \frac{\beta E_t [U_1(C_{t+1}, h_{t+1}^C)]}{U_1(C_t, h_t^C)} = \frac{1}{1+r}$$

$$\Rightarrow E_t [M_{t+1}^1 (1+r)] = 1 \qquad (C-3)$$

家庭关于投资性住房需求 h_t^I 决策的一阶条件为（C-4）式，其中定义投资住房的收益率为 $R_{t+1} \equiv (P_{t+1} + Q_{t+1})/P_t$。

$$h_t^I: U_1(C_t, h_t^C)(-P_t) + \beta E_t [U_1(C_{t+1}, h_{t+1}^C)(P_{t+1} + Q_{t+1})] = 0$$

$$\Rightarrow \frac{\beta E_t [U_1(C_{t+1}, h_{t+1}^C)(P_{t+1} + Q_{t+1})]}{U_1(C_t, h_t^C)} = P_t$$

$$\Rightarrow E_t [M_{t+1}^1 (P_{t+1} + Q_{t+1})] = P_t \Rightarrow E_t [M_{t+1}^1 R_{t+1}] = 1 \qquad (C-4)$$

从关于住房投资需求 h_t^I 的一阶条件，即（C-4）式可以看出，在仅将住房看作投资工具时，住房的投资属性保证其具有类似于其他金融资产的消费资本资产定价公式，即 $E_t [M_{t+1}^1 R_{t+1}] = 1$，此时住房资产与其他金融资产在风险-收益关系上将无所区别，呈现"高风险高收益"。

家庭关于第一期和第二期消费性住房需求 h_t^C 与 h_{t+1}^C 决策的一阶条件分别为（C-5）式、（C-6）式。

$$h_t^C: U_1(C_t, h_t^C)(-Q_t) + U_2(C_t, h_t^C) = 0$$

$$\Rightarrow \frac{U_2(C_t, h_t^C)}{U_1(C_t, h_t^C)} = Q_t \qquad (C-5)$$

$$h_{t+1}^{c}:\beta E_{t}[\,U_{1}(\,C_{t+1}\,,h_{t+1}^{c}\,)\,(\,-Q_{t+1}\,)+U_{2}(\,C_{t+1}\,,h_{t+1}^{c}\,)\,]=0$$

$$\Rightarrow \frac{U_{2}(\,C_{t+1}\,,h_{t+1}^{c}\,)}{U_{1}(\,C_{t+1}\,,h_{t+1}^{c}\,)}=Q_{t+1} \tag{C-6}$$

家庭关于消费性住房需求 h_{t}^{c} 与 h_{t+1}^{c} 的一阶条件（C-5）式、（C-6）式，使住房资产的风险-收益关系有异于其他金融资产。将（C-5）式、（C-6）式代入（C-4）式中，可得（C-7）式。

$$\frac{\beta E_{t}\left[\,U_{1}(\,C_{t+1}\,,h_{t+1}^{c}\,)\dfrac{P_{t+1}+Q_{t+1}}{P_{t}}\,\right]}{U_{1}(\,C_{t}\,,h_{t}^{c}\,)}=\frac{\beta E_{t}\left[\dfrac{U_{2}(\,C_{t+1}\,,h_{t+1}^{c}\,)}{Q_{t+1}}\dfrac{P_{t+1}+Q_{t+1}}{P_{t}}\,\right]}{\dfrac{U_{2}(\,C_{t}\,,h_{t}^{c}\,)}{Q_{t}}}=$$

$$E_{t}\left[\,M_{t+1}^{2}R_{t+1}\frac{Q_{t}}{Q_{t+1}}\,\right]=1 \tag{C-7}$$

定义与住房消费有关的定价核 $M_{t+1}^{2}\equiv\beta\dfrac{U_{2}(\,C_{t+1}\,,h_{t+1}^{c}\,)}{U_{2}(\,C_{t}\,,h_{t}^{c}\,)}$，将（C-7）式展开，有（C-8）式。

$$E_{t}[\,R_{t+1}\,]=(1+r)-(1+r)Cov_{t}\left[\frac{\beta U_{2}(\,C_{t+1}\,,h_{t+1}^{c}\,)}{U_{2}(\,C_{t}\,,h_{t}^{c}\,)},R_{t+1}\right]+$$

$$(1+r)Cov_{t}\left[\frac{\beta U_{1}(\,C_{t+1}\,,h_{t+1}^{c}\,)}{U_{1}(\,C_{t}\,,h_{t}^{c}\,)}\times\frac{Q_{t+1}-Q_{t}}{Q_{t}},R_{t+1}\right] \tag{C-8}$$

在（C-8）式中，预期收益率 $E_{t}[\,R_{t+1}\,]$ 由三个部分决定：首先是无风险资产的收益 $(1+r)$；其次是两个风险调整项，即（C-9）式、（C-10）式。

$$-(1+r)Cov_{t}\left[\frac{\beta U_{2}(\,C_{t+1}\,,h_{t+1}^{c}\,)}{U_{2}(\,C_{t}\,,h_{t}^{c}\,)},R_{t+1}\right]=-(1+r)Cov_{t}[\,M_{t+1}^{2}\,,R_{t+1}\,]$$

$$\tag{C-9}$$

$$(1+r)Cov_{t}\left[\frac{\beta U_{1}(\,C_{t+1}\,,h_{t+1}^{c}\,)}{U_{1}(\,C_{t}\,,h_{t}^{c}\,)}\times\frac{Q_{t+1}-Q_{t}}{Q_{t}},R_{t+1}\right]=$$

$$(1 + r) Cov_t \left[M^1_{t+1} \times \frac{Q_{t+1} - Q_t}{Q_t}, R_{t+1} \right] \qquad (C-10)$$

在消费资本资产定价的框架下，家庭并不直接关心资产收益本身的风险，而是关心风险引起的消费波动（Cochrane, 2005）。（C-9）式中的协方差反映了住房资产收益与家庭住房消费的相关关系。由于住房所有权的住房消费套保功能，假设协方差为正，此时家庭宁愿放弃部分预期收益而持有住房。住房的消费属性使住房资产风险－收益关系有异于传统的"高风险高收益"，可能表现为"高风险低收益"。（C-10）式中的协方差反映了住房资产收益与家庭一般商品消费的相关关系，同样假设其为正。[1] 由于收益波动加大了一般商品消费的波动，家庭持有住房资产的预期收益需要得到补偿。这与传统的"高风险高收益"相一致。

---

[1] 严格地讲，因为 $(Q_{t+1} - Q_t)/Q_t$ 的存在，此处的协方差并非住房资产收益与一般商品消费之间的相关关系。在消费资本资产定价模型 $E_t[R_{t+1}] = (1 + r) - (1 + r) Cov_t[M^1_{t+1}, R_{t+1}]$ 中，资产收益与一般商品消费之间的相关关系 $Cov_t[M^1_{t+1}, R_{t+1}]$ 通常为负。但是利用常相对风险厌恶效用函数进行简单的试验，可以发现前述有关 $Cov_t[M^1_{t+1}(Q_{t+1} - Q_t)/Q_t, R_{t+1}]$ 为正的假设与 $Cov_t[M^1_{t+1}, R_{t+1}]$ 为负的假设是相容的。

附录 D

经国务院批准进行第五次全国人口普查
普查登记的标准时间是：2000年11月1日0时
普查的原始资料不向任何单位和个人提供，仅供汇总使用
公民应履行如实申报普查项目的义务

表　号：R601 表
制表机关：国家统计局
　　　　　国务院人口普查办公室
文　号：国统字[2000]23号

本户地址：＿＿＿ 县(市、区)　＿＿＿ 乡(镇、街道)　＿＿＿ 普查区　＿＿＿ 调查小区

地址码：

H1. 户编号	H2. 户别	H3. 本户普查登记人数
＿＿＿号	1. 家庭户 2. 集体户	男＿＿人；女＿＿人

H4. 本户户籍人口中外出不满半年人数	H5. 本户户籍人口中外出半年以上人数	H6. 暂住本乡、镇、街道，离开户口登记地不满半年人数
男＿＿人；女＿＿人	男＿＿人；女＿＿人	男＿＿人；女＿＿人

H7. 本户1999.11.1—2000.10.31出生人数	H8. 本户1999.11.1—2000.10.31死亡人数
男＿＿人；　　　女＿＿人	男＿＿人；　　　女＿＿人

家 庭 户 填 报

H9. 本户住房间数	H10. 本户住房建筑面积
＿＿＿间	＿＿＿平方米

本户共＿＿张，本张是第＿＿张 (超过五人的户，从第2张普查表起，户记录只填写"H1. 户编号")	申报人(签字)： 普查员(签字)： 填报日期：11月＿＿日

图 D-1　第五次全国人口普查表短表正面

			每 个 人 都 填 报				6 周岁及以上的人填报
R1.姓名	R2. 与户主关系	R3.性别	R4. 年龄	R5.民族	R6. 户口登记状况	R7.户口性质	R8.是否识字 / R9.受教育程度

第一人
- R2: 0.户主 1.配偶 2.子女 3.父母 4.岳父母或公婆 5.祖父母 6.媳婿 7.孙子女 8.兄弟姐妹 9.其他
- R3: 1.男 2.女
- R4: (____周岁) 出生于: ____年 ____月
- R5: ____族
- R6: 1.居住本乡镇街道，户口在本乡镇街道 2.居住本乡镇街道半年以上，户口在外乡镇街道 3.在本乡镇街道居住不满半年，离开户口登记地半年以上 4.居住本乡镇街道，户口待定→R8 5.原住本乡镇街道，现在国外工作学习，暂无户口→R8 ｜ 1.本县(市)其他乡 2.本县(市)其他镇 3.本县(市)其他街道 4.本市其他县市区 5.本省其他地市 6.本省其他市 7.本省其他地县(市)、市区 8.省外：____省
- R7: 1.农业 2.非农业
- R8: 1.是 2.否
- R9: 1.未上过学 2.扫盲班 3.小学 4.初中 5.高中 6.中专 7.大学专科 8.大学本科 9.研究生

第二人
- R2: 1.配偶 2.子女 3.父母 4.岳父母或公婆 5.祖父母 6.媳婿 7.孙子女 8.兄弟姐妹 9.其他
- R3: 1.男 2.女
- R4: (____周岁) 出生于: ____年 ____月
- R5: ____族
- R6: 1.居住本乡镇街道，户口在本乡镇街道 2.居住本乡镇街道半年以上，户口在外乡镇街道 3.在本乡镇街道居住不满半年，离开户口登记地半年以上 4.居住本乡镇街道，户口待定→R8 5.原住本乡镇街道，现在国外工作学习，暂无户口→R8 ｜ 1.本县(市)其他乡 2.本县(市)其他镇 3.本县(市)其他街道 4.本市其他县市区 5.本省其他地市 6.本省其他市 7.本省其他地县(市)、市区 8.省外：____省
- R7: 1.农业 2.非农业
- R8: 1.是 2.否
- R9: 1.未上过学 2.扫盲班 3.小学 4.初中 5.高中 6.中专 7.大学专科 8.大学本科 9.研究生

第三人
- R2: 2.子女 3.父母 4.岳父母或公婆 5.祖父母 6.媳婿 7.孙子女 8.兄弟姐妹 9.其他
- R3: 1.男 2.女
- R4: (____周岁) 出生于: ____年 ____月
- R5: ____族
- R6: 1.居住本乡镇街道，户口在本乡镇街道 2.居住本乡镇街道半年以上，户口在外乡镇街道 3.在本乡镇街道居住不满半年，离开户口登记地半年以上 4.居住本乡镇街道，户口待定→R8 5.原住本乡镇街道，现在国外工作学习，暂无户口→R8 ｜ 1.本县(市)其他乡 2.本县(市)其他镇 3.本县(市)其他街道 4.本市其他县市区 5.本省其他地市 6.本省其他市 7.本省其他地县(市)、市区 8.省外：____省
- R7: 1.农业 2.非农业
- R8: 1.是 2.否
- R9: 1.未上过学 2.扫盲班 3.小学 4.初中 5.高中 6.中专 7.大学专科 8.大学本科 9.研究生

第四人
- R2: 2.子女 3.父母 4.岳父母或公婆 5.祖父母 6.媳婿 7.孙子女 8.兄弟姐妹 9.其他
- R3: 1.男 2.女
- R4: (____周岁) 出生于: ____年 ____月
- R5: ____族
- R6: 1.居住本乡镇街道，户口在本乡镇街道 2.居住本乡镇街道半年以上，户口在外乡镇街道 3.在本乡镇街道居住不满半年，离开户口登记地半年以上 4.居住本乡镇街道，户口待定→R8 5.原住本乡镇街道，现在国外工作学习，暂无户口→R8 ｜ 1.本县(市)其他乡 2.本县(市)其他镇 3.本县(市)其他街道 4.本市其他县市区 5.本省其他地市 6.本省其他市 7.本省其他地县(市)、市区 8.省外：____省
- R7: 1.农业 2.非农业
- R8: 1.是 2.否
- R9: 1.未上过学 2.扫盲班 3.小学 4.初中 5.高中 6.中专 7.大学专科 8.大学本科 9.研究生

第五人
- R2: 2.子女 3.父母 4.岳父母或公婆 5.祖父母 6.媳婿 7.孙子女 8.兄弟姐妹 9.其他
- R3: 1.男 2.女
- R4: (____周岁) 出生于: ____年 ____月
- R5: ____族
- R6: 1.居住本乡镇街道，户口在本乡镇街道 2.居住本乡镇街道半年以上，户口在外乡镇街道 3.在本乡镇街道居住不满半年，离开户口登记地半年以上 4.居住本乡镇街道，户口待定→R8 5.原住本乡镇街道，现在国外工作学习，暂无户口→R8 ｜ 1.本县(市)其他乡 2.本县(市)其他镇 3.本县(市)其他街道 4.本市其他县市区 5.本省其他地市 6.本省其他市 7.本省其他地县(市)、市区 8.省外：____省
- R7: 1.农业 2.非农业
- R8: 1.是 2.否
- R9: 1.未上过学 2.扫盲班 3.小学 4.初中 5.高中 6.中专 7.大学专科 8.大学本科 9.研究生

户编号：□□□

图 D-2　第五次全国人口普查表短表背面

第六次全国人口普查表短表

表　号：R 6 0 1 表
制定机关：国务院第六次全国人口普查办公室
批准文号：国统字[2009]23号
有效期至：2 0 1 0 年 1 2 月

经国务院批准进行第六次全国人口普查。
人口普查的标准时点为2010年11月1日零时。
人口普查的原始资料不得用于任何单位和个人提供，仅供汇总使用。
公民应履行如实申报普查项目的义务。

本户地址
和地址编码：

H1. 户编号
H2. 户别　1. 家庭户　2. 集体户
H3. 本户应登记人数　2010年10月31日晚居住本户的人数　____人
H4. 2009.11.1 – 2010.10.31　出生人口　男____人　女____人　死亡人口　男____人　女____人

省（区、市）　市（地、州）　县（市、区）　乡（镇、街道）　村（居）委会　普查小区　普查区　建筑物编号　H5. 本户住房建筑面积 ____平方米　H6. 本户住房间数 ____间

每　个　人　都　要　填　报

R1. 姓名

R2. 与户主关系
0. 户主
1. 配偶
2. 子女
3. 父母
4. 岳父母、公婆
5. 儿媳、女婿
6. 兄弟姐妹
7. 祖父母
8. 孙子女
9. 其他

R3. 性别　1. 男　2. 女

R4. 出生年月　出生于：____年　____月

R5. 民族　____族

R6. 普查时点居住地
1. 本村（居）委会
2. 本乡（镇、街道）其他村（居）委会
3. 本县（市、区）其他乡（镇、街道）
4. 其他县（市、区）　请填写下面地址
5. 港澳台或国外

R7. 户口登记地
1. 本村（居）委会
2. 本乡（镇、街道）其他村（居）委会
3. 本县（市、区）其他乡（镇、街道）
4. 其他县（市、区）　请填写下面地址 →R11
5. 户口待定 →R11

省（区、市）　市（地、州）　县（市、区）

R8. 离开户口登记地时间
1. 没离开本户口登记地 →R10
2. 半年以下
3. 半年至一年
4. 一年至二年
5. 二年至三年
6. 三年至四年
7. 四年至五年
8. 五年至六年
9. 六年以上

R9. 离开户口登记地原因
1. 务工经商
2. 工作调动
3. 学习培训
4. 随迁家属
5. 投亲靠友
6. 拆迁搬家
7. 寄挂户口
8. 婚姻嫁娶
9. 其他

R10. 户口性质　1. 农业　2. 非农业

R11. 是否识字　1. 识　2. 不识字

R12. 受教育程度
1. 未上过学
2. 小学
3. 初中
4. 高中
5. 大学专科
6. 大学本科
7. 研究生

6周岁及以上（2004年10月31日公历出生日）的人填报

（凡过往本户人口，以及7月或7 日 31 日晚住在本户的人。户记为人. 户只 "R1. 户编号"）

图 D - 3　第六次全国人口普查表短表

193

图书在版编目（CIP）数据

中国流动人口对住房市场的影响／费怀玉，何兴强
著 . -- 北京：社会科学文献出版社，2019.9
ISBN 978 - 7 - 5201 - 5266 - 2

Ⅰ.①中… Ⅱ.①费… ②何… Ⅲ.①流动人口 - 影
响 - 住宅市场 - 研究 - 中国 Ⅳ.①C924.24
②F299.233.5

中国版本图书馆 CIP 数据核字（2019）第 164046 号

中国流动人口对住房市场的影响

著 者／费怀玉 何兴强

出 版 人／谢寿光
组稿编辑／宋月华 韩莹莹
责任编辑／韩莹莹
文稿编辑／王红平

出 版／社会科学文献出版社 · 人文分社 （010）59367215
地址：北京市北三环中路甲 29 号院华龙大厦 邮编：100029
网址：www. ssap. com. cn
发 行／市场营销中心 （010）59367081 59367083
印 装／三河市东方印刷有限公司

规 格／开 本：880mm × 1230mm 1/32
印 张：6.5 字 数：163 千字
版 次／2019 年 9 月第 1 版 2019 年 9 月第 1 次印刷
书 号／ISBN 978 - 7 - 5201 - 5266 - 2
定 价／98.00 元